# 无人机摄影 与 摄像
# 技巧全攻略

王肖一 ◎ 编著

清华大学出版社
北京

## 内 容 提 要

本书是一本面向无人机爱好者的实用指南，旨在帮助读者全面掌握无人机飞行与航拍的技能。本书将理论与实践相结合，提供多元实战场景案例，详尽拆解实操步骤，配备图文解析与技巧点拨，使读者能逐步提升技能，完成高质量的航拍作品。

全书共 18 章，分为 4 篇，内容层次清晰，逻辑严谨。第 1 篇为无人机新手启航篇，包括第 1 章至第 5 章。第 1 章着重介绍飞行安全与法规指南，涵盖飞行禁忌、电池保养、飞行前检查等关键环节，为安全飞行筑牢基础；第 2 章和第 3 章主要介绍无人机的选购和开箱验货；第 4 章聚焦飞行中的应急处理技巧，包括特殊环境飞行应对、信号失联处理、设备意外解决方案，保障飞行全程无忧；第 5 章深入解析无人机飞行环境，从不同地形的飞行环境到拍摄点工具挑选，助力精准规划飞行路线。第 2 篇为摄影实战技巧篇，包括第 6 章至第 10 章。本篇围绕无人机摄影的航拍取景法、DJI Fly App 航拍工具使用、起飞前准备与首飞技巧等内容展开，结合实战案例，帮助读者快速掌握航拍核心技能。第 3 篇为摄像技巧进阶篇，包括第 11 章至第 16 章。本篇聚焦实战航拍风光照片的全新视角、无人机的摄像场景与拍摄技巧、无人机拍摄视频前的参数设置、空中摄像的基本拍摄手法、高级拍摄手法、摄像时无人机镜头的运动方式等内容，全方位提升创作水平。第 4 篇为后期制作篇，包括第 17 章和第 18 章。本篇主要讲解照片与视频的后期处理等内容，助力读者实现从拍摄到后期的完整创作的闭环，打造高质量作品。

无论您是初学者、专业飞手，还是低空经济从业者，本书都能提供坚实支持，助您在蓝天之上自由驰骋，创作出令人赞叹的视觉佳作。

**图书在版编目（CIP）数据**

无人机摄影与摄像技巧全攻略 / 王肖一编著 . -- 北京：清华大学出版社，

2025. 9. -- ISBN 978-7-302-70280-1

Ⅰ . TB869

中国国家版本馆 CIP 数据核字第 2025DB1615 号

**责任编辑**：袁金敏
**封面设计**：魔豆探索
**责任校对**：徐俊伟
**责任印制**：沈　露
**出版发行**：清华大学出版社
　　　　　网　　　址：https://www.tup.com.cn，https://www.wqxuetang.com
　　　　　地　　　址：北京清华大学学研大厦 A 座　　　邮　　编：100084
　　　　　社　总　机：010-83470000　　　　　　　邮　　购：010-62786544
　　　　　投稿与读者服务：010-62776969，c-service@tup.tsinghua.edu.cn
　　　　　质　量　反　馈：010-62772015，zhiliang@tup.tsinghua.edu.cn
**印　装　者**：涿州汇美亿浓印刷有限公司
**经　　销**：全国新华书店
**开　　本**：185mm×260mm　　　**印　　张**：16　　　**字　　数**：284 千字
**版　　次**：2025 年 9 月第 1 版　　　**印　　次**：2025 年 9 月第 1 次印刷
**定　　价**：98.00 元

产品编号：112004-01

# 航拍界
## 精英大咖的倾心推荐

· · ·

由于无人机逐渐普及，且现在无人机设备体积很小，出门携带也方便，越来越多的摄影爱好者都开始步入航拍领域。王肖一老师作为高清影像 8KRAW 的签约摄影师，从新手一路成长为高手，这本凝聚了他多年的航拍经验与技术的著作，非常适合大众阅读。

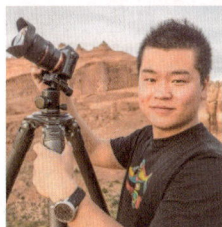

　　　　王源宗　8KRAW 联合创始人、知名航拍摄影师、延时摄影师

随着技术瓶颈的突破，越来越多的无人机玩家选择了非常规视角进行摄影与摄像创作。本书深度解析了摄影创作的底层逻辑，并且结合大量摄影实战案例，为航拍者提供了全面且实用的技巧指导，助力航拍者快速成长，在实践中收获满满干货。

　　　　陈雅（Ling 神）　8KRAW 联合创始人、知名航拍摄影师、延时摄影师

我曾被夜空中的星河和奇幻的天文现象所吸引，从此走在黑夜中，环球追星逐日，还偶遇了 20 年一次的极光大爆发，令我无比震撼。王肖一老师以无人机的视角巧妙捕捉世间万象，将独特视角下的瑰丽景致呈现在大众眼前。这本书融入了摄影理论知识与实战技巧，能够帮助无人机新手迅速掌握操作要领，解锁航拍世界的奇妙与精彩。

　　　　叶梓颐－巡天者　知名天文摄影师、格林威治天文台年度摄影师大赛获奖者

无论是渴望了解飞行安全与入门知识的航拍新手，还是追求快速出片、掌握智能拍摄模式的创作者，都能在本书中找到契合自身需求的内容。从零基础入门到实战练习，本书具备系统全面的知识体系，让你在航拍学习的每个阶段都能有所收获。

巫远飞　深圳飞友会发起人、8KRAW 签约摄影师

身为经验丰富的航拍摄影师，王肖一老师凭借深厚的专业积累，将航拍摄影过程中常见的各类技术难题进行系统化梳理，集结成书。本书不仅能为航拍新手打下扎实基础，更为期望提升无人机飞行技术的爱好者提供了宝贵的学习资源，值得一读！

梁韦斌　自由摄影师、影像村创始人、8KRAW 签约摄影师

# 自序

（1）"是960万平方公里的辽阔，还是300万平方公里的澎湃？是四季轮转的天地，还是冰与火演奏的乐章？"——开篇之问，以宏大视角诠释中国地理的多元与震撼。

（2）"云南的云，不光飘在天上，也飘在水里。泸沽湖的静默中，白云流过，时光悄然沉淀。"——以云与水为媒，展现云南的静谧与诗意。

（3）"鄱阳湖如同长江的肺叶，枯水期滋养江河，洪水时吞吐巨浪，维系水势的永恒平衡。"——用拟人化语言揭示湖泊与河流的共生关系。

（4）"自然用曲线规划山海，以山海孕育生命：人类以直线跨越深邃，以深邃创造文明。"——对比自然与文明的互动，暗含对生态的敬畏。

《航拍中国》经典语录

这部纪录片的经典语录，已为读者勾勒出航拍艺术的魔力。本书将深度解构无人机航拍的视觉革命，揭秘云端创作的黄金法则。造物主赋予人类智慧与灵巧的双手，却未曾赐予翱翔的羽翼。从文明曙光到工业时代，人类始终困守在二维视角的牢笼。即便借助飞行器穿越云层，舷窗外的世界仍似蒙着磨砂玻璃。

幸得21世纪的技术馈赠，感恩大疆等先驱者的破界创新，让我们得以操控无人机，用电影级镜头语言书写天空诗篇。更庆幸自己始终保持着突破视觉边界的执着，以及拥抱技术革新的勇气。

在传统摄影时代，每一次快门都是光影的囚徒。即便精研构图法则、色彩哲学，终难跳出大师们预设的视觉窠臼。无人机的升空不仅打破了物理桎梏，更开创了三维影像叙事的新维度——光影、透视、运动轨迹的组合可能性呈指数级裂变。

初遇DJI Mavic Pro的震撼至今难忘。当无人机起飞的刹那，习以为常的社区景观瞬间蜕变为几何美学的交响诗。首飞作品在社交平台引发的惊叹，化作持续探索的永恒燃料。

从 DJI Mavic Pro 的 4/3 英寸影像传感器，到 DJI Mini 4 Pro 的 1/1.3 英寸的革新，再到 DJI Inspire 2 搭载的 35 毫米电影级传感器；从需要专用运输箱的庞然大物，到可收纳于摄影包的折叠精灵。设备迭代史恰是技术解放创作力的最佳注脚，每个像素的跃进都在拓展影像表达的边疆。

航拍器突破传统视角桎梏，无论是社区尺度的微观叙事，还是跨城联动的宏大篇章，都已成为我的视觉语法词典。无数个黎明穿越申城的平流雾海，记录天界才得窥见的琉璃仙境；那些追逐火烧云的黄昏，用镜头为都市建设者打开平行时空的彩色视窗——这些云端独享的视觉馈赠，经由今日头条、抖音、新片场等平台，创造了千万量级的审美共振。

承蒙清华大学出版社的远见卓识，我得以将十年云端耕耘的经验体系化沉淀。本书架构四大战略模块：无人机新手启航篇（安全飞行基础、设备选购与维护、首飞准备及应急处理）、摄影实战技巧篇（构图与光线、App 操作、飞行动作设计、智能模式应用）、摄像技巧进阶篇（风光/城市实战、高级运镜、参数调优）、后期制作篇（动态影像后期处理）。十八个技术专题凝聚四大核心价值，具体内容如下。

（1）实战经验系统输出：作为 8KRAW/ 视觉中国 / 上海环球金融中心签约摄影师和央视级影像供应商，全程提供创作方法。

（2）决策前置学习体系：助力读者在设备投资前建立完整的航拍认知图谱。

（3）硬核技术拆解：从基础飞行到大师级运镜，每个技术节点配备真实案例推演。

（4）动静双修美学：独创"空间构图九宫格"与"动态影像三轴理论"，打通照片与视频的创作任督二脉。

愿每位读者都能化身视觉探险家，以无人机为笔，苍穹为卷，书写属于这个时代的空中史诗。当您俯瞰大地的时刻，世界必将以从未示人的惊艳面目与您相遇。

王肖一

2025 年 8 月

# 前言

在科技飞速发展的当下，无人机技术正以独特魅力与广阔应用前景，深度重塑我们的创作模式与视觉体验，广泛渗透至影视制作、地理测绘、农业监测、应急救援、物流运输等多元领域，催生出全新的低空经济业态。无人机凭借其卓越的灵活性、强大的拍摄能力和日益亲民的价格，为创作者、专业人士和商业从业者搭建起一座通向空中创作自由的桥梁，让曾经遥不可及的空中视角变得触手可及。

本书遵循由浅入深、循序渐进的编写理念，精心设计内容结构，致力于全方位引导读者轻松掌握无人机飞行的精髓。从飞行安全法规解读、电池保养秘诀到飞行前检查清单制定，从设备选购指南、主流机型性能剖析及配件适配性分析，再到飞行环境适应策略、航拍取景技巧、DJI Fly App 深度应用以及从起飞到返航的全流程实操要点，每一章节都经过作者精心编排，层层递进，确保读者能够在理论与实践的紧密结合中，逐步构建起坚实的飞行技能体系。

本书从基础到进阶，用 4 篇内容全面覆盖无人机摄影与摄像的各个环节。第 1 篇为无人机新手启航篇，包括第 1 章到第 5 章。第 1 章为读者奠定坚实基础，详细讲解飞行安全与法规指南，包括飞行禁忌、电池保养、飞行前检查等；第 2 章介绍无人机及配件的选购与使用，深度解析大疆等主流无人机系列的特点，提供实用的性价比评估和入门机型推荐，帮助飞手在众多选择中找到最适合自己的设备，并指导如何正确使用和保养配件；第 3 章则是无人机的开箱验货与首飞准备；第 4 章和第 5 章聚焦于无人机的飞行应急处理技巧与无人机飞行环境全解析，从乡村、山区到城市，分析不同地形和气候条件下的飞行技巧。第 2 篇为摄影实战技巧篇，包括第 6 章到第 10 章。这 4 个章节揭示了航拍取景构图的艺术，介绍 DJI Fly App 的强大功能与操作技巧，讲解智能飞行模式的运用，并通过详细的实操步骤演示，让读者快速掌握飞行技巧，轻松应对各种复杂场景。第 3 篇为摄影技巧进阶篇，包括第 11 章至第 16 章。这一篇进一步提升读者的航拍技能，通过对实战航拍场景的解析、视频拍摄参数的优化以及空中摄像的高级手法并深入分析镜头运动方式，助力飞手捕捉创意视觉大片。第 4 篇为后期制作篇，包括第 17 章和第 18 章。这一篇主要讲解照片及视频的后期处理技巧，实现从拍摄到后期的完整创作闭环，让读者能够创作出高质量的航拍作品。

本书的作者是在无人机领域深耕多年、积累了丰富实战经验的专业人士。他将自己在无数项目实践中锤炼出的宝贵经验与实用技巧毫无保留地融入文字，真诚期望能够点亮读者的创意思维火花，显著提升读者的无人机飞行与创作效率，助力读者在无人机创作领域绽放独特光芒。

本书既是一本系统全面的技术指南，更是一份激发创意、释放潜能的航拍灵感宝库。我们坚信，通过对本书的深度学习与实践探索，读者不仅能熟练掌握无人机飞行技巧，更能开启属于自己的空中创作的无限可能，用独特的空中视角记录世界、讲述故事、创造价值。让我们携手共进，在低空经济蓬勃发展的时代浪潮中，用无人机勾勒自由飞行轨迹，用镜头书写属于自己的天空传奇！

王肖一

2025 年 8 月

随书附赠

航拍技巧 + 运镜实战视频

# 目录

## 01

### 第1篇　无人机新手启航篇

#### 第1章　无人机飞行安全与法规指南

1.1　飞行禁忌 ···················································· 4
 1.1.1　气候与环境下的飞行禁忌 ················· 4
 1.1.2　不想炸机就不要这样飞 ····················· 5
 1.1.3　GNSS 信号弱不能飞 ························· 6
1.2　电池与无人机的长寿秘诀 ························· 7
 1.2.1　电池的使用与保养 ··························· 7
 1.2.2　定期检查，为无人机保驾护航 ············· 9
 1.2.3　外出飞行，要这样保管电池 ··············· 12
 1.2.4　电池受损该怎么办 ·························· 13
1.3　飞行前必做的安全检查清单 ···················· 13
 1.3.1　飞行前检查流程 ····························· 13
 1.3.2　限飞区域查询与全城禁飞城市 ············ 13
 1.3.3　安全的飞行高度设置 ······················· 17

## 02

#### 第2章　无人机及配件的选购与使用

2.1　无人机届的宠儿：大疆系列深度解析 ········· 20
 2.1.1　DJI Mavic 系列特点 ······················· 20
 2.1.2　DJI Air 系列特点 ··························· 21
 2.1.3　DJI Mini 系列特点 ························· 22
 2.1.4　DJI Flip 系列特点 ·························· 24

**2.2 性价比之选：如何挑选第一台无人机** …………… 25

   2.2.1 性价比评估指南 …………………………………25

   2.2.2 入门级无人机推荐 ………………………………26

   2.2.3 无人机配件清单及参数 …………………………28

**2.3 安全飞行必备：配件的正确使用与保养** …………… 29

   2.3.1 遥控器与操作杆的使用技巧 ……………………29

   2.3.2 云台与螺旋桨的维护 ……………………………30

**03**

## 第3章　无人机的开箱验货

**3.1 正品鉴定：开箱验货的黄金法则** ………………… 34

   3.1.1 验货步骤与注意事项 ……………………………34

   3.1.2 配件核对与试飞前的准备 ………………………34

**3.2 开机要点：确保飞行无忧** …………………………… 35

   3.2.1 开关机顺序与固件升级 …………………………36

   3.2.2 无人机与遥控器的状态检查 ……………………38

**3.3 注意这些，才能确保飞行的安全** …………………… 39

   3.3.1 飞手与云台手的协同 ……………………………40

   3.3.2 地勤人员的安全职责 ……………………………41

**04**

## 第4章　飞行中的应急处理技巧

**4.1 特殊环境飞行：夜间与恶劣天气下的应对策略** …… 44

   4.1.1 夜间飞行的定位 …………………………………44

   4.1.2 恶劣天气下的飞行技巧 …………………………44

**4.2 信号失联：GNSS 与图传信号丢失的紧急处理** …… 45

   4.2.1 GNSS 信号丢失的应急措施 ……………………45

   4.2.2 图传信号丢失的应急措施 ………………………45

**4.3 设备意外：电量不足与空中失联的解决方案** ……… 46

   4.3.1 电量不足时的返航策略 …………………………46

   4.3.2 空中失联的搜寻与应对 …………………………46

**05**

## 第5章　无人机飞行环境全解析

**5.1 飞行环境选择：乡村、山区** ………………………… 50

   5.1.1 乡村地区的飞行优势与挑战 ……………………50

   5.1.2 山区飞行的技巧与安全 …………………………51

5.2 拍摄点挑选工具：奥维互动地图与全球潮汐 App 的使用 … 53

    5.2.1 奥维互动地图 App 的飞行规划·············53

    5.2.2 全球潮汐 App 的日出日落时间预测·············56

5.3 高频炸机预警：机场与高楼密集区域的识别 ············· 60

    5.3.1 机场附近的飞行限制·············60

    5.3.2 高楼密集区域对飞行的影响·············60

**06**

# 第 2 篇　摄影实战技巧篇

## 第 6 章　掌握无人机摄影的航拍取景法

6.1 构图取景，这 3 个角度很重要············· 64

    6.1.1 平视取景：展现画面的真实细节 ·············64

    6.1.2 仰视取景：强调高度和视觉透视感 ·············64

    6.1.3 俯视取景：体现纵深感和层次感·············65

6.2 掌握两个点，分清画面主次关系············· 65

    6.2.1 主体突出：要强调的对象 ·············65

    6.2.2 陪体辅助：让主体更加有美感·············67

6.3 画面元素，合理组合拍出精美大片············· 67

    6.3.1 点构图技巧：迅速定位视觉中心·············67

    6.3.2 线构图技巧：划分画面的结构 ·············68

    6.3.3 面构图技巧：构建均衡画面的要点·············69

**07**

## 第 7 章　熟练使用 DJI Fly App 航拍工具

7.1 安装与注册 DJI Fly App ············· 74

    7.1.1 DJI Fly App 的下载与安装·············74

    7.1.2 DJI Fly App 的注册与登录·············76

7.2 熟知 DJI Fly App 界面元素 ············· 78

    7.2.1 界面布局与功能介绍 ·············78

    7.2.2 常用功能的操作技巧·············82

7.3 想拍出专业的照片，先学这个············· 84

    7.3.1 自动模式：自动调节拍摄参数·············84

    7.3.2 快门优先模式：控制照片曝光时长 ·············85

    7.3.3 光圈自动模式：合理控制进光量·············86

7.3.4　手动模式：自由设置参数，拍大片 ……………………………… 86

### 7.4　航拍之前先设置，否则白拍 …………………………………… 87

7.4.1　拍摄尺寸与画幅比例的选择 ……………………………………… 87

7.4.2　存储格式对后期的影响 …………………………………………… 88

7.4.3　拍摄模式适用于不同场景 ………………………………………… 88

### 7.5　全景摄影，大片应该这么拍 …………………………………… 89

7.5.1　球形全景：自动拼接可动态查看 ………………………………… 89

7.5.2　180° 全景：全范围欣赏大片美景 ………………………………… 90

7.5.3　广角全景：镜头更广眼界更宽阔 ………………………………… 90

7.5.4　竖拍全景：上下延伸体现画面纵深感 …………………………… 91

**08**

## 第 8 章　起飞前的准备工作与首飞技巧

### 8.1　熟记清单，否则浪费更多时间 ……………………………… 94

8.1.1　器材的准备清单 …………………………………………………… 94

8.1.2　无人机的飞行清单 ………………………………………………… 94

8.1.3　素材的拍摄清单 …………………………………………………… 97

8.1.4　夜晚的拍摄，需要白天踩点 ……………………………………… 98

### 8.2　起飞步骤是安全起飞的前提 …………………………………… 99

8.2.1　准备好遥控器和操作杆 …………………………………………… 100

8.2.2　准备好无人机，拨开螺旋桨 ……………………………………… 101

8.2.3　校准无人机 IMU 与指南针是否正常 …………………………… 102

### 8.3　检查设备，确保无人机状况正常 …………………………… 104

8.3.1　检查 SD 卡是否有空间或者已放入无人机 ……………………… 104

8.3.2　检查无人机机身是否正常 ………………………………………… 105

8.3.3　检查无人机与遥控器的电量是否充足 …………………………… 105

### 8.4　起飞与降落，这些方法要记住 ……………………………… 106

8.4.1　手动起飞，飞行高度可以自由控制 ……………………………… 106

8.4.2　手动降落，遇到障碍物可及时避开 ……………………………… 107

8.4.3　自动起飞，一键操作 ……………………………………………… 108

8.4.4　自动降落，机器会自动关闭避障功能 …………………………… 108

8.4.5　自动返航，使无人机自动返回预设的返航点 …………………… 109

**09**

## 第 9 章　熟练飞行动作　助力空中摄影

### 9.1　6 组基础飞行动作，适合新手 ………………………………… 112

9.1.1　向上飞行：掌握垂直升降的技巧 ……………… 112

9.1.2　向下降落：平稳降落的方法 ………………… 113

9.1.3　向前飞行：直线飞行的控制技巧 …………… 113

9.1.4　向后飞行：倒车飞行的操作方法 …………… 114

9.1.5　向左飞行：侧飞的控制要点 ………………… 115

9.1.6　向右飞行：侧飞的进阶技巧 ………………… 116

9.2　6组常用飞行动作，可灵活控制 ……………… 116

9.2.1　原地转圈飞行：旋转拍摄的技巧 …………… 116

9.2.2　圆环飞行：环绕拍摄的方法 ………………… 117

9.2.3　方形飞行：多角度拍摄的技巧 ……………… 118

9.2.4　"8"字飞行：复杂轨迹的飞行控制 ………… 119

9.2.5　飞进飞出飞行：穿越拍摄的技巧 …………… 120

9.2.6　向上并向前飞行：爬升与前进的结合 ……… 120

9.3　3组高级飞行动作，航拍大片 ………………… 121

9.3.1　展现镜头飞行：动态展现的飞行技巧 ……… 121

9.3.2　飞行穿越拍摄：穿越障碍物的飞行方法 …… 122

9.3.3　移动目标拍摄：追踪拍摄的高级技巧 ……… 123

# 第 10 章　智能飞行拍出精彩的视觉大片

10.1　"一键短片"模式，自动生成10秒小视频 ………… 126

10.1.1　"一键短片"模式 ………………………… 126

10.1.2　创意短片的拍摄技巧 ……………………… 132

10.2　"延时摄影"模式，记录画面运动轨迹 ……… 133

10.2.1　"延时摄影"模式的设置 ………………… 133

10.2.2　创意延时摄影的拍摄方法 ………………… 137

## 第 3 篇　摄像技巧进阶篇

# 第 11 章　实战航拍风光照片的全新视角

11.1　秀丽风景：航拍乡村、冬日雪景的秘诀 ……… 142

11.1.1　乡村风光的拍摄技巧与构图 ……………… 142

11.1.2　冬日雪景的光线利用与色彩表现 ………… 143

11.2　湖泊山水：天空与水面的完美融合 …………… 143

11.2.1 湖泊摄影的曝光控制与倒影捕捉 ………… 144

11.2.2 山景摄影的层次表现与视角选择 ………… 144

11.3 城市风光:拍出城市繁华的技巧 …………………… 145

11.3.1 城市建筑群的航拍 ………………………… 145

11.3.2 城市夜景的光线 …………………………… 147

# 12

# 第 12 章　无人机的摄像场景与拍摄技巧

12.1 视频航拍场景:最具动感的拍摄技巧 …………… 150

12.1.1 城市高空风光的拍摄方法 ………………… 150

12.1.2 体育赛事与活动的视频捕捉 ……………… 150

12.2 视频航拍技巧:飞行安全、信号干扰与时机把握 ……… 151

12.2.1 飞行安全与法规遵守 ……………………… 152

12.2.2 信号干扰的预防与处理 …………………… 152

12.2.3 把握拍摄时机与瞬间 ……………………… 153

12.3 视频拍摄注意事项:速度感、前景对象与逆光画面的处理 … 153

12.3.1 创造速度感的技巧 ………………………… 154

12.3.2 前景对象的选择与应用 …………………… 154

12.3.3 逆光条件下的拍摄技巧 …………………… 154

# 13

# 第 13 章　无人机拍摄视频前的参数设置

13.1 视频曝光参数:最佳设置的秘诀 …………………… 158

13.1.1 光圈、快门速度与 ISO 的平衡 …………… 158

13.1.2 曝光补偿与锁定的应用 …………………… 159

13.2 视频存储格式:影响素材用途的关键因素 ………… 160

13.2.1 MOV 格式 …………………………………… 160

13.2.2 MP4 格式 …………………………………… 161

13.3 光线与白平衡:掌握参数设置的光影魔术 ………… 162

13.3.1 光线方向与质量的把握 …………………… 162

13.3.2 白平衡设置与色彩还原 …………………… 163

# 14

# 第 14 章　空中摄像的基本拍摄手法

14.1 空中摄像飞行手法:6 组简单的航线技巧 ………… 168

14.1.1 水平直线飞行 ……………………………… 168

14.1.2　垂直向前飞行与倾斜飞行 ……………………… 168

14.1.3　环绕飞行与螺旋飞行 …………………………… 170

14.2　视频案例分享：城市建筑的拍摄解析 ……………… 171

14.2.1　城市建筑的动态捕捉与构图 …………………… 171

14.2.2　城市建筑的线条与结构表现 …………………… 172

## 15　第 15 章　高级拍摄手法：成为"机长"的必修课

15.1　无人机横移与环绕：摄像技巧的高阶应用 ………… 176

15.1.1　无人机横移飞行的摄像技巧 …………………… 176

15.1.2　无人机环绕飞行的拍摄技巧 …………………… 178

15.2　无人机侧身与后退：探索更多创意拍摄手法 ……… 180

15.2.1　无人机侧身飞行的航拍技巧 …………………… 180

15.2.2　无人机后退飞行的摄像技巧 …………………… 181

## 16　第 16 章　摄像时无人机镜头的运动方式

16.1　向前镜头航拍：期待感的营造 ……………………… 186

16.1.1　向前推进的镜头语言 …………………………… 186

16.1.2　向前飞行中的焦点转换 ………………………… 187

16.2　后退镜头航拍：故事场景地缓缓退出 ……………… 188

16.2.1　后退飞行的构图技巧 …………………………… 188

16.2.2　后退飞行中的情感表达 ………………………… 189

## 第 4 篇　后期制作篇

## 17　第 17 章　照片的后期处理：手机 + 计算机精修技巧

17.1　手机 App 处理：快速修片的高效方法 …………… 194

17.1.1　基本调整：曝光、色彩与色调以及色彩平衡 …… 194

17.1.2　创意效果：滤镜和特效的应用 ………………… 196

17.2　Photoshop 处理：调出照片精彩画质的专业技巧 … 199

17.2.1　色彩校正和调整图层的使用 …………………… 199

17.2.2　RAW 格式照片的专业处理流程 ……………… 204

**18**

# 第 18 章　视频的后期处理：手机 + 计算机精修技巧

18.1　剪映的使用：视频编辑的新选择 ················· 210

    18.1.1　剪映的界面和基本操作流程 ············· 210

    18.1.2　特效和转场的应用 ··············· 215

    18.1.3　导出和分享视频的最佳设置 ············· 219

18.2　手机剪映处理：一键修出精彩片段的秘籍 ············ 224

    18.2.1　视频剪辑的基础操作 ··············· 224

    18.2.2　视频速度调整 ················ 226

    18.2.3　音效添加和背景音乐配置 ············· 228

18.3　Premiere 处理：成为后期大师的必经之路 ··········· 231

    18.3.1　项目设置 ·················· 231

    18.3.2　新建序列、视频剪辑和视频调色 ·········· 232

# 第1篇

# 无人机新手启航篇

:

# 第 1 章
## 无人机飞行安全与法规指南

　　在操控无人机进行飞行时，首要任务是确保安全，同时必须严格遵守国家法律法规。因此，在本书首章，我们将着重讲解无人机的安全操作方法以及相关的法律准则和飞行约束。大家只有掌握了这些安全飞行的关键知识，才能在使用无人机摄影与摄像时更加得心应手。希望大家能够认真研读并熟练运用本章所学内容。

## 1.1 飞行禁忌

本节聚焦于无人机飞行的安全与法规指南，旨在帮助读者全面了解无人机飞行的基本要求和注意事项，确保飞行的安全与合规。首先，详细介绍气候与环境对无人机飞行的影响，明确指出在大风、下雪、大雨、雷电和大雾等恶劣天气条件下飞行的风险。接着，深入探讨新手常见的错误飞行方式，如低电量飞行、盲目手动返航、无GNSS信号强行起飞等，并提供相应的规避建议。最后，强调GNSS信号对无人机飞行的重要性，分析GNSS信号弱时飞行的潜在危险，并指导读者如何通过DJI Fly App检查GNSS信号强度，确保飞行安全。通过本节的学习，读者将能够掌握飞行前的关键准备事项，避免常见的飞行错误，为后续的飞行实践奠定坚实的基础。

### 1.1.1 气候与环境下的飞行禁忌

为了保障无人机的安全飞行，用户务必在天气晴朗、环境适宜的条件下开展飞行活动，这无疑是确保无人机平稳运行、避免意外伤害及财产损失的关键所在。倘若室外天气状况恶劣，尤其是以下 5 种情形，绝对不能放飞无人机。

#### 1. 大风天气

当遭遇 5 级及以上的大风天气时，强劲的风力极有可能将无人机瞬间刮走，使其失控。而且，在狂风肆虐的环境中，无人机为了竭力维持机身的稳定姿态，不得不消耗大量的电量，这无疑会大幅缩短其续航时间。同时，无人机飞行的稳定性也会受到严重影响，导致无人机在空中摇晃不定，进而使得拍摄的画面变得模糊不清，画面质量远远达不到理想的标准。

#### 2. 下雪天气

在雪花纷飞的天气里，由于气温骤降，无人机的一些关键功能配件可能会受到低温的侵袭，从而降低无人机飞行效率。老君山雪后航拍照片如图 1-1 所示。此外，电池的续航能力也会下降，有时甚至可能直接引发坠机事故，给无人机带来毁灭性的伤害。

图 1-1　老君山雪后航拍照片

### 3. 大雨天气

大雨滂沱的天气同样不适合无人机飞行，这是不言而喻的。雨水不仅会对无人机的机身和螺旋桨造成直接的损害，还会增加飞行时的空气阻力，给无人机的正常飞行带来诸多不利影响。

### 4. 雷电天气

雷电交加的恶劣天气下，无人机更是严禁飞行的。此时，电机等关键部件极易遭到雷电的袭击，一旦被雷电击中，无人机很可能会瞬间炸机，造成无法挽回的损失。

### 5. 大雾天气

大雾弥漫的天气状况下，能见度极低，用户很难保证无人机始终在可视范围内飞行。而只有在可视范围内飞行，才能最大限度地确保无人机的安全。而且，在大雾笼罩的环境中拍摄出来的照片，往往会因雾气的干扰而变得模糊不清，画质很难达到令人满意的水平。

**小贴士：**

> 冬季低温环境对无人机飞行构成挑战。在此条件下飞行，首次启动无人机后，建议将其升至3.0至3.6米（10至12英尺）高度，悬停1分钟。此举旨在通过飞行中的自发热，提升电池温度并为电机预热，从而优化无人机飞行的稳定性与安全性，确保关键部件在低温下能正常运作。

## 1.1.2　不想炸机就不要这样飞

无人机飞行看似简单，但稍有不慎就可能导致炸机，轻则损坏机身，重则彻底报废。为了避免炸机，新手必须避免使用以下几种常见的错误飞行方式，否则很可能使无人机做"高空自由落体"运动或直接解体。

### 1. 低电量飞行

许多新手不知无人机在低电量情况下会动力不足，甚至直接失去控制。特别是在远离返航点或恶劣环境下，低电量飞行是可能导致炸机的高危操作。建议保持至少20%的电量作为返航缓冲，避免无人机意外失控。

### 2. 盲目手动返航

许多无人机具备智能返航功能，但不少新手喜欢手动操控返航，这容易因误判方向或遇到障碍物而导致炸机。特别是在出现视觉障碍或 GNSS 信号不佳的环境下，手动返航极易发生意外。因此，在返航时，尽量使用智能返航功能，并确保飞行路径畅通。

### 3. 无 GNSS 信号强行起飞

GNSS 信号强是无人机稳定飞行的关键，很多新手着急起飞，忽视了 GNSS 信号的锁定状态，导致无人机在飞行中漂移甚至失控。建议起飞前至少等待 GNSS 信号图标变成白色，并检查是否进入飞行模式。

### 4. 忽视风力影响

高空风速往往比地面风速更强，尤其是 8 级以上大风，可能直接让无人机失去控制。用户在起飞前应查看天气预报，尽量避免在风速超过 5 级（10.8 米 / 秒）时起飞，同时在大风环境下时刻留意无人机的飞行状态，防止其被风吹走。

### 5. 盲目接近障碍物飞行

在树林、建筑物、桥梁等复杂环境中飞行，极易发生炸机，尤其是避障功能未开启或信号干扰的情况下。建议新手保持足够的安全距离，提前熟悉无人机避障功能，谨慎操作。

### 6. 超视距飞行

部分用户喜欢让无人机飞到肉眼不可见的范围，这种超视距飞行风险极大。一旦无人机发生异常，无法及时采取应对措施，容易导致炸机。建议保持无人机在视线范围内，并结合图传画面进行飞行操作。

## 1.1.3　GNSS 信号弱不能飞

GNSS（全球导航卫星系统）是提供实时、全天候、全球性导航服务的关键技术，能够为全球用户提供低成本且高精度的三维位置、速度和时间同步等导航数据。对于无人机飞行而言，稳定的 GNSS 信号是确保飞行安全的基石。无人机依赖 GNSS 实现精准的系统定位与位置追踪，因此，用户应避免在 GNSS 信号弱的区域，如高楼林立的城市、峡谷或存在高度差显著变化的环境（例如从高层建筑内部飞至外部）中操作无人机，以防定位精度下降，危及飞行安全。此外，在城市中飞行时，高大建筑物可能干扰 GNSS 信号，用户必须确保无人机始终处于视线范围内，避免因视觉遮挡导致的碰撞，尤其是在无人机绕建筑物飞行时，一旦飞出视线范围，将极大增加安全隐患。

在使用 DJI Fly App 时，飞行界面顶部会显示 GNSS 信号强度，如图 1-2 所示。其中，图标显示为白色时表示 GNSS 连接稳定，适合安全飞行；若图标显示为红色，则表明信号强度不足，用户应谨慎考虑是否起飞，以降低飞行风险。

图 1-2　飞行界面上的 GNSS 信号强度

## 1.2　电池与无人机的长寿秘诀

在 1.1 节中，我们详细分析了无人机对飞行环境、气象条件、温度以及无线通信信号质量的具体要求。本节将进一步阐述无人机的安全操作规范，包括电池的使用与保养、无人机的定期检查、外出飞行的电池保管以及电池受损该怎么办。

掌握这些关键的安全操作技能，对于确保无人机的稳定飞行和延长其使用寿命至关重要。这些安全操作技能是实现安全、高效航拍的基础保障，能够帮助操作者在遵守法律法规的前提下，充分利用无人机的性能，捕捉高质量的航拍画面。通过本节的学习，读者将能够更加自信地操控无人机，确保每一次飞行都安全可靠，同时最大限度地发挥无人机在摄影领域的潜力。

### 1.2.1　电池的使用与保养

无人机配备的锂聚合物电池专为无人机动力供应设计，其具备 3850 毫安时的电池容量及 15.4 伏的额定电压。购买无人机时，通常会附赠一块此类电池。图 1-3 展示的是 DJI Mavic 3 Pro 所搭载的机身电池单元。

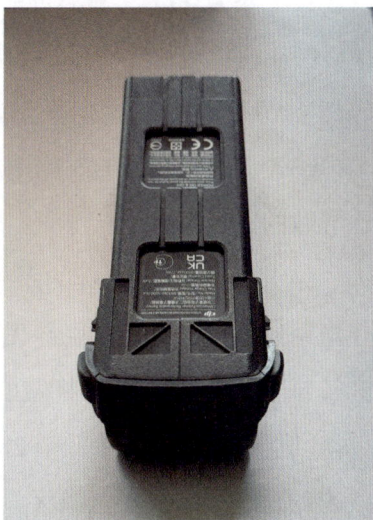

#### 1. 电池的安全使用指南

以下为无人机电池的 13 条安全使用指南，望读者详阅。

（1）严禁电池接触液体，避免进水或在潮湿环境中使用，以防分解反应引发爆炸。

（2）大疆无人机用户仅可使用官方电池，购买或更换时需访问官网查询，型号不符易致飞行故障。

图 1-3　DJI Mavic 3 Pro 所搭载的机身电池单元

（3）禁用鼓包、漏液、包装破损等电池，保修期内出现问题可到购买地更换电池。

（4）拆卸电池前，确保无人机电源关闭，以防损坏电源接口。

（5）电池适宜在 −10℃ 至 40℃ 环境下使用，超 50℃ 有自燃爆炸风险，低于 −10℃ 性能下降，需恢复常温再用。

（6）避免在强静电环境下使用，以免电池保护板失灵，引发飞行故障。

（7）禁止自行拆卸或用尖锐物损坏电池，以防着火或爆炸。

（8）电池内液具强腐蚀性，若漏出，应远离避免伤害。

（9）电池摔落或受强撞击后，不得再用。

（10）电池遇水后，即便晾干也不可再用，需妥善废弃处理。

（11）电池起火时，可用水、沙、灭火毯、干粉或二氧化碳灭火器灭火。

（12）电池接口有污物时，用干毛巾擦拭干净，以防短路或接触不良。

（13）电量降至 5% 时，停止飞行，继续飞行易致飞行故障，甚至炸机。

### 2. 电池的保养指南

一块电池在飞行时的最长续航时长为 30 分钟，低温会进一步缩短其使用时长。为了延长电池的续航能力和使用寿命，正确使用电池至关重要。以下是 5 条关键的电池使用和保养要点。

（1）在夏季高温环境下，避免将无人机长时间暴露于直射阳光下，因为电池的耐受温度上限为 40℃，超温可能导致电池起火或爆炸。

（2）电池电量耗尽后，不要立即充电。由于刚使用过的电池处于高温状态，需待其自然冷却后再充电，这有助于延长电池寿命。若对发热电池频繁充电，电池将迅速损坏。

（3）无人机飞行时，当电量降至 30%，用户应准备返航，以避免因电池电量耗尽而导致的飞行事故。

（4）在 DJI Fly App 的系统设置界面中，可以启用低电量智能返航功能，使系统在电量仅够返航时自动引导无人机返回。同时，可开启低电量报警功能，当电量降至 30% 或 25% 时，遥控器将发出警报，提醒用户。

（5）当无人机电量低于 20% 时，用户将无法操控无人机，无人机将自动按照预先设定的返航点进行安全降落。如果用户离开了原返航点且未更新返航点，无人机的降落位置将无法确定。因此，用户需时刻关注无人机机身和遥控器的电量状态。

### 3. 电池充不进电的处理方法

无人机机身的特定位置设有电池槽，用于安装飞行电池。电池上方配备有一个电源开关按钮，轻按此按钮，电量指示灯随即亮起。该指示灯共分为 4 格，依次从低电量到满电量进行显示，直观反映电池剩余电量，如图 1-4 所示。

在冬季低温环境下，无人机电池可能出现充电困难的情况。这并非电池故障，而是由于充电环境温度过低所致。解决方法是将电池置于温暖环境中预热，待电池温度回升后再进行充电，即可正常完成充电过程。

正确的充电步骤为：首先，将电源适配器的充电端口准确插入电池的充电插槽；接着，将适配器的电源插头接入电源插座，如图 1-5 所示。充电完成后，应立即拔下电池，避免因过度充电导致电池损坏或引发安全问题。

图 1-4　电池开关盒电量指示灯　　　　图 1-5　充电示意图

## 1.2.2　定期检查，为无人机保驾护航

无人机，作为一种集机械与电子技术于一身的精密设备，在持续的飞行作业中，不可避免地会遭受一定程度的机械磨损与电子元件老化。为了确保无人机能够在每一次飞行中都保持最佳的性能与最高的安全性，定期的维护保养工作显得尤为重要。以下是 8 个关键的维护要点，供无人机操作者参考与遵循。

### 1. 螺旋桨桨叶检查

定期对螺旋桨桨叶进行细致的外观检查，重点留意桨叶是否存在弯折、破损或裂痕等损伤迹象。一旦发现任何异常，应立即停止使用该桨叶，并及时更换新的桨叶，以防止在飞行过程中因桨叶故障引发安全事故。

### 2. 螺旋桨电机检查

对螺旋桨电机进行全面检查，包括电机轴承是否出现松动或磨损，固定螺钉有无松动、断裂，以及电机壳是否发生变形等情况，如图 1-6 和图 1-7 所示。若在检查过程中发现问题，应立即停止飞行，并及时联系专业的售后服务中心进行处理，以避免因电机故障导致飞行事故。

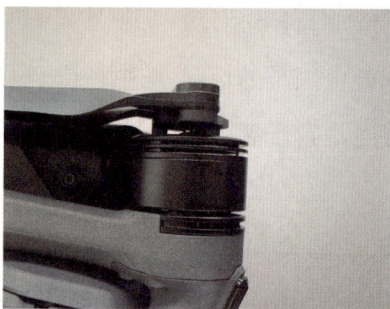

图 1-6　螺旋桨电机（一）

图 1-7　螺旋桨电机（二）

### 3. IMU 校准

IMU 是无人机飞行控制系统中的核心部件，负责提供精确的飞行姿态与位置信息。为了保障飞行安全，需定期对 IMU 的状态进行检查。若发现 IMU 出现异常，可通过 DJI Fly App 进行校准操作：点击界面右上角的"系统设置"按钮，随后进入"飞控参数设置"界面，在该界面中点击"IMU 正常"右侧的"校准"按钮，如图 1-8 所示。校准过程如图 1-9 至图 1-15 所示。校准操作可以确保 IMU 能够准确地为飞行控制系统提供数据支持。

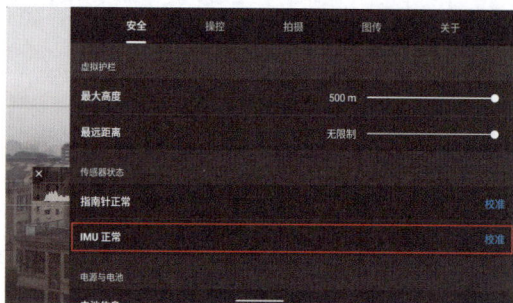

图 1-8　无人机界面中的 IMU "校准"按钮

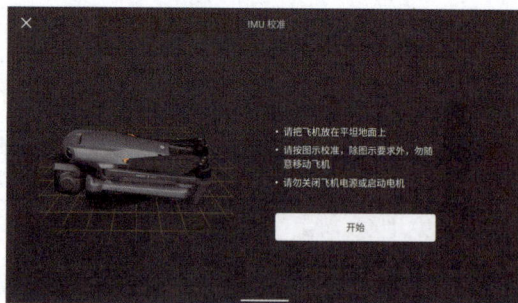

图 1-9　IMU 校准"开始"

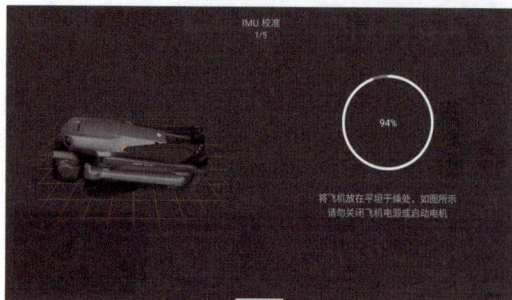

图 1-10　IMU 校准过程（一）

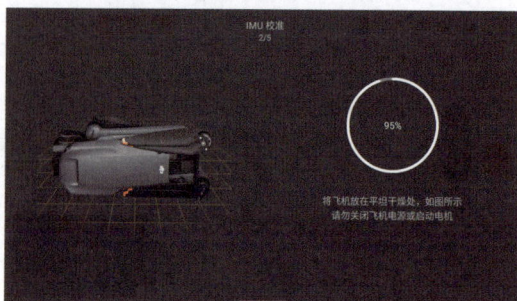

图 1-11　IMU 校准过程（二）

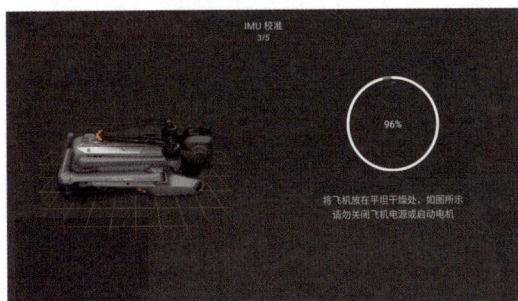

图 1-12　IMU 校准过程（三）

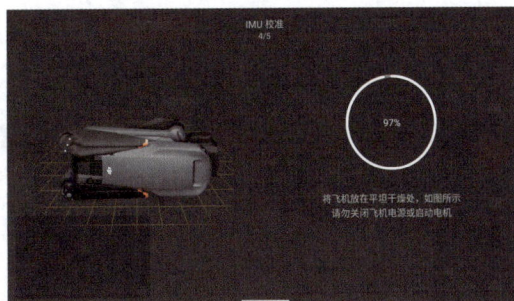

图 1-13　IMU 校准过程（四）

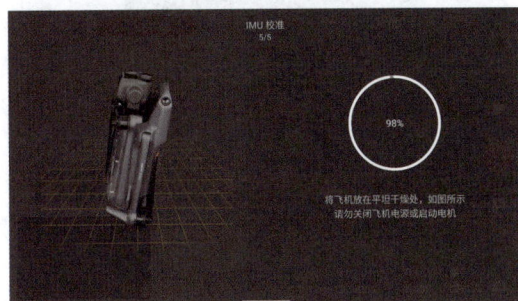

图 1-14　IMU 校准过程（五）

图 1-15　校准完成，重启无人机

### 4. 遥控器检查

遥控器是操作者与无人机之间进行通信的关键设备，其性能的稳定性直接关系到飞行的安全性。因此，需要定期检查遥控器天线是否完好无损，因为天线的完整性直接影响到信号的稳定传输。同时，还需确保遥控器与无人机之间的连接正常且稳定。若在检查过程中发现任何问题，应及时联系售后服务中心进行处理，以保证遥控器能够正常工作。

### 5. 云台相机维护

云台相机是无人机进行航拍作业的核心设备，其镜头的清洁与否直接影响到拍摄画面的质量。在使用云台相机进行拍摄时，需先取下云台保护罩，取下云台保护罩后的云台如图 1-16 所示，以便于进行拍摄操作；而在非使用状态下，则应将保护罩重新扣上，以防止灰尘或其他异物对镜头

图 1-16　取下云台保护罩后的云台

造成污染或损伤。同时，应避免直接用手触摸相机镜片，若发现镜头脏污，应使用专业的镜头清洁剂进行清理，以确保拍摄画面的清晰度与质量。

### 6. 视觉定位系统检查

视觉定位系统是无人机在低空飞行或进行精准定位时的重要辅助设备，其镜头的

清洁与否直接关系到系统的定位精度。因此，需要定期检查无人机下方视觉定位系统的镜头，及时清除镜头表面的异物或脏物。若发现镜头出现裂痕等损伤情况，应及时联系售后服务中心进行返厂维修，以确保视觉定位系统的正常工作。

### 7. 机身检查

对无人机的机身进行全面检查，如图 1-17 所示，确认表面无损伤、裂痕，同时检查所有螺钉，确保无松动或异常。若在检查过程中发现问题，且自身无法解决，应及时将无人机送至专业的维修机构进行返厂维修，以确保无人机的结构完整性和飞行安全性。

图 1-17　无人机机身全面检查

### 8. 电池检查

电池是无人机飞行的动力源泉，其状态的好坏直接关系到飞行的持续时间和安全性。因此，需要定期对电池外观进行检查，查看电池是否存在鼓胀、变形，有无液体泄漏，是否遭受过严重撞击等情况。若发现电池出现上述任何异常情况，应立即停止使用该电池，并按照正确的报废流程进行处理，以防止因电池故障引发飞行事故。

## 1.2.3　外出飞行，要这样保管电池

以下是电池存储与运输的 5 项专业要求。

（1）若无人机长期闲置，电池应存放于通风干燥处，电量维持在部分剩余状态，避免完全耗尽或满电保存，以防电池性能受损。

（2）冬季低温环境下，电池放电加速。若电池充满电后闲置数日，电量可能大幅下降。因此，出行前务必检查电池电量，以确保满足使用需求。

（3）携带无人机出行时，电池需配备保护套，防止其表面磨损，增强安全性。乘飞机时，电池必须随身携带，严禁放入托运行李，遵循航空公司对锂电池的运输禁令。

（4）储存和运输电池时，禁止与眼镜、手表、金属饰品等金属物品混放，以免引发短路风险。

（5）禁止运输损坏的电池，且电池电量不得超过 30%，以确保运输过程的安全。

## 1.2.4　电池受损该怎么办

电池是含有潜在危险化学成分的储能装置，一旦受损，绝对不可继续使用。严禁用户将其随意丢弃于常规垃圾桶内。在处理此类电池时，必须先确保电池电量完全耗尽，随后将其妥善放置于专门指定的电池回收容器中。此外，用户需严格遵守当地关于电池回收及废弃处理的法律法规，以确保环境安全和合规处置。

## 1.3　飞行前必做的安全检查清单

在开展无人机飞行活动前，用户必须深入学习并熟悉相关的航空法规与条例，全面掌握无人机的飞行限制条件以及明确划定的禁飞区域，以规避违反国家航空法规的风险，因为违规行为可能导致极为严重的法律后果。鉴于无人机相关法律法规处于动态更新状态，本书中提及的部分规定在出版后也可能有所调整。因此，若用户欲获取最新、最准确的无人机飞行法规信息，应定期访问当地民航管理机构的官方网站以进行查阅。

### 1.3.1　飞行前检查流程

中国民用航空局已正式实施民用无人机实名登记注册制度，旨在加强对无人机的管理与追踪。对于计划前往其他国家旅游并携带无人机的用户，务必提前了解目的地国家是否要求对个人持有的无人机进行登记备案。具体信息可通过访问相关国家航空管理机构的官方网站获取。

以美国为例，所有重量在 0.55 至 55 磅（1 磅 ≈ 0.45 千克）的无人机，在首次使用前必须完成登记备案。这一流程简单便捷，仅需用户提供个人相关信息。完成备案后，用户将获得一个独特的编码和相应的证书。该编码应牢固粘贴于无人机的指定位置，建议选择贴在电池盒内部，这不仅有助于防止编码的意外丢失，同时符合美国联邦航空管理局（Federal Aviation Administration，FAA）的粘贴规范，确保无人机在合法合规的状态下飞行。

### 1.3.2　限飞区域查询与全城禁飞城市

无人机操作者必须精准掌握无人机的禁飞与限飞区域信息，以防无意间触犯国家航空法规。查询限飞区域主要有两种途径：一是利用手机应用程序（App）进行查询；二是通过计算机网页查询。以下将详细介绍这两种查询方法的具体操作流程。

### 1. 手机 App 查询限飞区域

在 DJI Fly App 的主界面中，首先点击右上角的"设置"按钮，随后在弹出的菜单栏目中点击"限飞信息查询"按钮，这将直接引导用户进入大疆限飞区查询界面。在该界面顶部的"搜索栏"内输入具体的地理位置信息，即可精准查询该地区的无人机限飞区域详情，如图 1-18 所示。

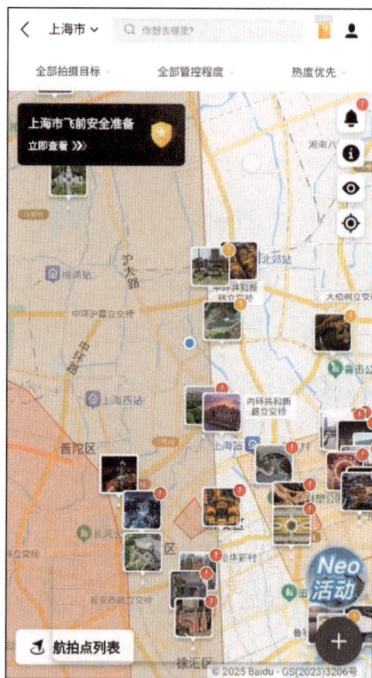

图 1-18　大疆限飞区查询界面顶部的"搜索栏"

### 2. 计算机网页查询限飞区域

以下为利用计算机网页查询无人机限飞区域的详细步骤。

**步骤 01** 打开网络浏览器，在地址栏输入大疆网址，进入大疆官方网站，如图 1-19 所示。

图 1-19　大疆官方网站页面

**步骤 02** 在大疆官方网站中，向下滚动至页面底部，进而访问大疆平台的"安全飞行指引"专属页面，如图1-20所示。

图1-20　访问大疆平台的"安全飞行指引"专属页面

**步骤 03** 跳转至大疆平台的飞行安全界面后，在"限飞区查询"板块中，用户可在网页顶端的搜索框中输入特定地理位置，以确认该地区是否属于禁飞区域。大疆平台的飞行安全界面如图1-21所示。

图1-21　大疆平台的飞行安全界面

**步骤 04** 跳转到查询网页后，限飞区域将以粉红色高亮标识，直观地呈现在地图上，如图1-22所示。

图1-22　粉红色高亮标识的限飞区域

小贴士：

当无人机接近限飞区域时，其飞行性能会受到显著影响，具体表现为飞行速度自动降低、无法执行预设的飞行任务以及正在进行的飞行操作可能被强制中断等。

因此，用户在规划飞行前，必须明确所选区域是否属于限飞区域。例如，安徽黄山风景区和杭州西湖等知名旅游景点，若需在这些区域使用无人机进行航拍或飞行活动，必须提前完成相应的备案手续。在进入这些风景名胜区之前，强烈建议用户详细查询并遵守当地关于无人机使用的具体规定，以确保飞行活动的合法性和安全性。

### 3. 全城禁飞城市

在上文阐述了查询无人机限飞区域的途径，除政府机关、机场等关键区域为无人机禁飞区外，部分主要城市如北京、广州等也实施了全城禁飞措施。这一政策的出台，源于近年来无人机的广泛使用引发了一系列安全事件，包括航班延误和紧急降落等。因此，几乎所有设有机场的地区均对无人机飞行进行了严格限制，违规飞行者将面临行政拘留等法律后果。

以北京为例，其行政区域内的所有高度均禁止飞行活动，这意味着无人机不得起飞。北京市六环路以内区域全天禁飞，六环路外的昌平、顺义、怀柔、密云、延庆、平谷、门头沟等区同样实行全天禁飞，如图 1-23 所示。若需进行飞行活动，必须事先获得北京空管部门的审批，并向公安机关报备。

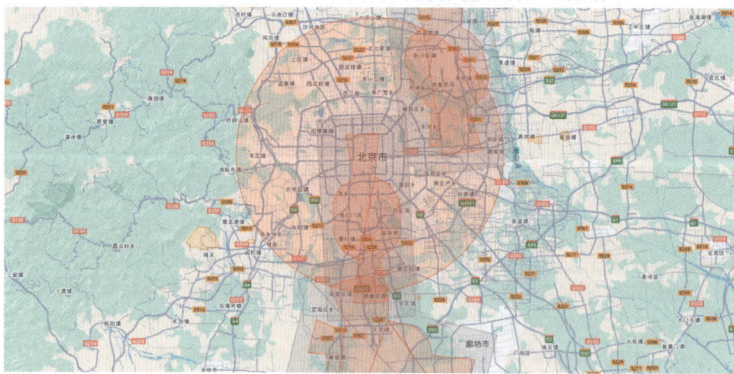

图 1-23　北京禁飞区域

广州则以白云机场为中心，把半径 55 公里范围内划定为净空保护区，禁止无人机飞行。这一区域覆盖了广州市、佛山市、清远市、东莞市、四会市等多个市及区。

根据《中华人民共和国飞行基本规则》第三十五条的规定，所有飞行活动必须提前申请并获得批准后才能执行。对于"低慢小"航空器的飞行，需向相关战区空军或民航空中管制部门提交申请，未经批准的飞行均属于违规行为。

> **小贴士：**
>
> 通常情况下，电子围栏系统将机场周边、北京六环以内的区域、新疆各地市的市区范围等划定为禁飞区。在未经正式审批和备案的情况下，这些区域应被严格视为禁飞区域。然而，对于那些具有明确拍摄任务和目的，并且能够确保飞行安全的特定情况，经过必要的审批流程和备案手续后，可以通过大疆官方网站或DJI Fly App上传相关证明材料，申请对这些禁飞区域进行解禁。

## 1.3.3　安全的飞行高度设置

在操控无人机时，建议将飞行高度控制在125米以下，以确保操作者能够清晰地目视监控无人机及其周边环境，从而保障飞行安全。一旦超过此高度，无人机的可视性将大幅降低，难以准确判断其周围状况。因此，最佳高度是让无人机保持在操作者的直接视线范围内。操作者可通过遥控器对飞行高度进行预设，当无人机达到设定高度时，遥控器将发出警报，并限制进一步升高，以下是具体设置步骤。

**步骤 01** 在无人机的飞行操作界面，首先点击界面右上角的"系统设置"按钮，随后进入"安全"界面。在该界面中，找到"最大高度"选项，滑动数值条设置最大高度限制，范围为 0 ～ 500 米，如图1-24所示。

**步骤 02** 完成上述步骤后，滑动数值条设置最大高度限制，建议将数值设置在125米以下，如图1-25所示。

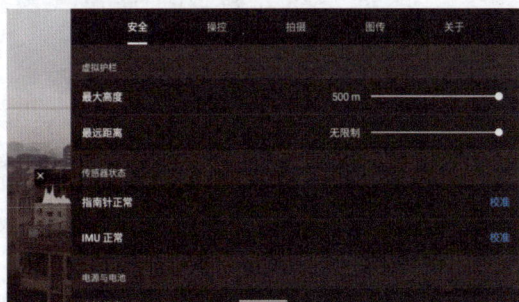

图 1-24　飞行参数设置界面　　　　　　图 1-25 飞行最大高度设置界面

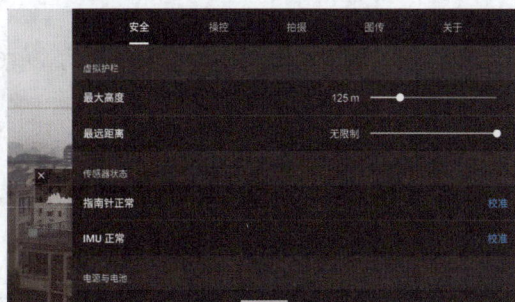

# 第 2 章

## 无人机及配件的选购与使用

**学习提示**

　　无人机，即无人驾驶飞行器，最初专为军事侦察任务设计，用于搜集敌方情报。随着科技的飞速发展，其应用范围已从军事领域拓展至多个民用领域，成为航拍爱好者不可或缺的高端设备。本章旨在引导读者深入了解无人机，掌握无人机及其配件的正确使用方法与技巧。

## 2.1 无人机届的宠儿：大疆系列深度解析

在无人机技术尚未成熟的早期，航拍摄影爱好者通常自行组装无人机以进行航拍摄影。如今，大疆创新推出的轻巧便携式无人机，极大地便利了摄影师的出行携带，推动了无人机在摄影领域的快速普及。

大疆无人机系列作为无人机行业的标杆产品，以其稳定的飞行性能、高清航拍能力和智能化操作深受用户喜爱。在其产品线中，Mavic 系列、Air 系列、Mini 系列和 Flip 系列为大疆主打产品，用户遍及入门、进阶，深受摄影爱好者青睐。本节将简要介绍这 4 个系列无人机的特点，帮助用户挑选适合自身需求的型号。

### 2.1.1 DJI Mavic 系列特点

大疆作为全球航拍无人机领域的领军企业，不断推出多样化无人机产品系列，其搭载的相机性能卓越。DJI Mavic 系列无人机配备 2000 万像素的哈苏相机，能够捕捉高清晰度画面。DJI Mavic 3 Pro 无人机如图 2-1 所示。

DJI Mavic 系列作为消费级无人机领域的旗舰产品，凭借其影像性能、飞行稳定性与智能化设计，始终引领行业标杆。以下是该系列的核心特点总结。

图 2-1　DJI Mavic 3 Pro 无人机

#### 1. 专业级影像系统

DJI Mavic 系列以哈苏相机为核心，搭载大尺寸传感器与多焦段镜头组合。例如，DJI Mavic 3 Pro 采用 4/3 英寸哈苏主摄（2000 万像素），辅以 70 毫米中长焦和 166 毫米长焦双镜头。它不仅支持 12.8 挡原生动态范围与 12-bit RAW 格式，可捕捉高宽容度的画面细节，还支持 24 倍混合变焦和 5.1K/50fps HDR 视频，搭配电子 ND 滤镜与双原生 ISO 技术，实现电影级画质输出。此外，全系支持 ProRes 格式录制（Cine 版本内置 SSD 存储），满足专业影视创作的后期调色需求。

#### 2. 卓越飞行性能

DJI Mavic 系列续航能力显著优于同类产品，其中 DJI Mavic 3 续航达 43 分钟。在飞行稳定性方面，全系搭载 O3+ 图传技术，最远传输距离达 15 公里，抗风等级达 12 米 / 秒，适应高原、强风等复杂环境。

### 3. 智能操控与安全设计

DJI Mavic 系列机型配备 APAS 5.0（高级辅助飞行系统）与全向避障功能，结合 RTK 高精度定位，悬停精度可达 ±0.1 米。智能返航功能通过视觉定位与地图构建技术，确保无人机在信号丢失时自动规划安全路径返回。

### 4. 轻量化与场景适应性

尽管性能强大，DJI Mavic 系列仍保持紧凑设计。例如，DJI Mavic 3 Pro 折叠后仅手掌大小，重量不足 1000 克，兼顾便携性与专业需求。其应用场景覆盖影视创作、地理测绘、户外探险等领域，部分行业版更针对建筑检测、农业监测等专业场景优化，配备机械快门与高精度定位模块。

### 5. 生态协同与扩展性

DJI Mavic 系列产品可搭配 DJI Goggles 飞行眼镜实现 FPV 视角操控，或通过 DJI RC Pro 遥控器提升操作效率。

综合来看，DJI Mavic 系列通过"影像－飞行－智能"三位一体的技术整合，持续定义消费级无人机的性能天花板，既是摄影爱好者的创作利器，也是专业领域的高效工具。其迭代升级路径亦印证了大疆"技术普惠"与"高端突破"并行的产品策略。

## 2.1.2　DJI Air 系列特点

DJI Air 系列作为消费级无人机中的次旗舰无人机，凭借其均衡的性能与创新技术，在便携性、影像质量和智能操控之间找到平衡点，成为旅行拍摄与专业创作的优选设备。DJI Air 3S 无人机如图 2-2 所示。以下是该系列的核心特点总结。

图 2-2　DJI Air 3S 无人机

### 1. 双摄影像系统，多焦段创作自由

DJI Air 系列从 DJI Air 3 开始采用双主摄设计，广角与中长焦镜头组合覆盖 24 毫米至 70 毫米焦段，满足多样化构图需求。例如，DJI Air 3S 配备 1 英寸广角主摄（5000 万像素，f/1.8）和 1/1.3 英寸中长焦镜头（4800 万像素，f/2.8），支持 4K/120fps 慢动作视频和 14 挡动态范围的 HDR 拍摄。双摄均支持"10-bit D-Log M"色彩模式，为后期调色提供更大空间。新增的"自由全景"功能允许用户自定义拍摄范围，合成无畸变全景照片，提升创作效率。

### 2. 旗舰级飞行性能与续航

DJI Air 系列续航能力显著优于 DJI Mini 系列，DJI Air 3S 单次飞行时间达 45 分钟，搭配 100W 快充技术 20 分钟即可充满电池。飞行速度方面，DJI Air 3S 水平飞行速度达 21 米 / 秒（75.6 千米 / 小时），抗风能力 12 米 / 秒，适应复杂天气条件。图传系统升级至 O4 技术，最远传输距离 20 公里，支持 1080p/60fps 高清实时画面，并通过 4G 网络增强信号稳定性。

### 3. 全向避障与智能返航革新

DJI Air 系列以安全性著称，DJI Air 3S 首次引入前视激光雷达，结合双目视觉与红外 ToF 传感器，实现夜景级全向避障（支持 1lux 低光环境），可识别玻璃幕墙、细小树枝等传统视觉避障的盲区。智能返航功能通过视觉定位与激光雷达构建空间地图，即使无 GNSS 信号或夜间环境也能循迹返航，大幅降低了炸机风险。

### 4. 轻量化设计与场景适应性

尽管性能提升，DJI Air 系列仍保持紧凑设计。例如，DJI Air 3S 折叠后仅手掌大小（214 毫米 ×101 毫米 ×89 毫米），重 724 克，兼顾专业需求与便携性。其应用场景覆盖旅行 Vlog、城市航拍、运动跟拍等，新增的 "AI 运镜大师" 模式可自动生成电影级运镜轨迹，降低了拍摄门槛。

### 5. 生态兼容与扩展性

DJI Air 系列产品适配 DJI RC-N3/R2 遥控器，支持 FPV 视角与体感操控。DJI Air 3S 内置 42GB 存储空间，新增 "关机快传" 功能，关机后仍可通过 Wi-Fi 直连手机导出素材，极大地提升了工作效率。

综合来看，DJI Air 系列通过双摄影像、智能避障、长续航与轻量化设计，实现了专业性与便携性的统一。从 DJI Air 3 到 DJI Air 3S 的迭代，印证了大疆 "技术下放" 策略，将旗舰级功能融入次旗舰机型，成为中高端用户创作利器。

## 2.1.3　DJI Mini 系列特点

DJI Mini 系列凭借其轻量化设计与 "技术下放" 策略，在消费级无人机市场中定位为便携型航拍工具，尤其适合新手、旅行爱好者及对重量敏感的创作者。DJI Mini 4 Pro 无人机如图 2-3 所示。以下是该系列的核心特点总结。

### 1. 极致轻量化与合规优势

DJI Mini 系列最大的亮点是机身重量严格控制在 249 克以内，折叠后尺寸接近手掌大小，可轻松装入随身包袋。这一设计使 DJI Mini 系列符合多国（如中国、美国、加拿大等）免注册飞行的法规要求，大幅降低了用户使用门槛，成为旅行、日常记录的首选机型。

图 2-3　DJI Mini 4 Pro 无人机

### 2. 影像性能的迭代升级

DJI Mini 4 Pro 搭载 1/1.3 英寸 CMOS 传感器，支持 4800 万像素照片和 4K/60fps 视频拍摄，新增无损竖拍模式适配短视频平台需求。全系支持 "10-bit D-Log M" 色彩模式（如 DJI Mini 4 Pro），为后期调色保留更大空间，满足进阶用户需求。

### 3. 飞行性能与避障革新

DJI Mini 系列续航普遍优于同级产品。DJI Mini 4 Pro 标配电池支持 34 分钟飞行(长续航电池可达 45 分钟)，图传系统从 O3 升级至 O4 技术，最远传输 20 公里。早期机型仅配备三向避障（如 DJI Mini 3 Pro），而 DJI Mini 4 Pro 首次引入全向主动避障系统（含广视角视觉传感器和下视双目传感器），支持 APAS，可自动绕行障碍物。

### 4. 智能化功能降低操作门槛

DJI Mini 系列内置一键短片（如渐远、螺旋等模式）、智能跟随、航点飞行等功能，降低了运镜难度。高级智能返航功能可根据环境动态规划路径，降低了飞丢风险。DJI Mini 系列支持 DJI RC 带屏遥控器（如 DJI Mini 4 Pro）及快传技术，关机后仍可通过 Wi-Fi 直连手机导出素材，极大地提升了工作效率。

### 5. 性价比与场景适应性

相比旗舰机型（如 DJI Mavic 系列），DJI Mini 系列价格更亲民（如 DJI Mini 4 Pro 起售价 4788 元），覆盖入门到进阶用户。其轻便特性适配旅行 Vlog、家庭记录、小型商业拍摄等场景，部分型号（如 DJI Mini 3 Pro）还可通过长续航电池扩展应用范围。

综合来看，DJI Mini 系列以"轻量合规、智能易用"为核心，通过技术下放（如全向避障、旗舰传感器等）持续缩小与高端机型差距。从 DJI Mini 3 Pro 到 DJI Mini 4 Pro 的迭代，展现了从基础功能到专业性能的跨越，成为平衡便携性与功能性的标杆产品。

## 2.1.4 DJI Flip 系列特点

DJI Flip 系列无人机以其"折叠形态革新 + 新手友好设计"为核心定位，重新定义了轻量级 Vlog 创作工具的标准。DJI Flip 无人机如图 2-4 所示。以下是该系列的核心特点总结。

### 1. 颠覆性折叠设计与极致便携性

图 2-4　DJI Flip 无人机

DJI Flip 系列采用"全包围折叠桨叶"结构，机身折叠后厚度仅 62 毫米，重量严格控制在 249 克以下，符合全球多数地区的免注册飞行法规。此外，它在折叠状态下可直接塞入口袋或背包，展开时通过机械联动自动开机，省去了传统无人机烦琐的展开步骤。碳纤维材质保护罩不仅提升了抗摔性，还避免了桨叶误触风险，尤其适合户外复杂场景。

### 2. 专业级影像与智能创作

DJI Flip 系列搭载 1/1.3 英寸 4800 万像素 CMOS 传感器，支持 4K/60fps DJI HDR 视频录制、4K/100fps 慢动作及"10-bit D-Log M"色彩模式，动态范围覆盖主流创作需求。三轴云台设计大幅优于电子防抖机型（如 DJI Neo），即使在运动中也能保持画面稳定。独创的 AI 智能跟拍功能通过手机 App 一键锁定主体，实现自动环绕、渐近等电影级运镜，配合语音控制（"Hey Fly"唤醒）和掌上起降功能，单人即可完成 Vlog 全流程拍摄。

### 3. 安全飞行与长续航性能

DJI Flip 系列配备前视三维红外避障 + 下视单目视觉系统，支持低至 1lux 暗光环境避障，可识别树枝、玻璃幕墙等传统视觉盲区障碍物。O4 图传技术提供 13 公里超远传输距离（FCC 标准），结合可选 4G 增强图传模块，可在城市复杂电磁环境中保持信号稳定。3110 毫安时电池实现 31 分钟续航，配合快充技术（70 分钟充满双电），满足连续创作需求。

### 4. 价格亲民与场景适配

DJI Flip 系列标准版起售价仅为 DJI Mavic 系列的 1/3。其轻量化设计适配旅行随拍、户外运动跟拍、城市探索等场景，尤其适合无需专业后期调色的短视频创作者。尽管不支持无损竖拍（仅 2.7K 裁切），但其一键竖屏切换仍能满足抖音等平台需求。

### 5. 技术下放与生态扩展

DJI Flip 系列继承了大疆旗舰机型的技术基因，如双原生 ISO 融合技术和智能返航路径规划，同时支持 DJI Goggles 3 飞行眼镜联动。用户可通过手机直连实现"无遥控器操控"，或选配 DJI RC-N3/R2 遥控器提升操作效率，形成从拍摄到剪辑的轻量化创作闭环。

综合来看，DJI Flip 系列通过形态创新、智能简化、价格普惠三大策略，将专业航拍能力浓缩至手掌大小，成为入门用户探索无人机创作的首选工具。其技术路径印证了大疆"让科技触手可及"的产品哲学，在未来可能进一步挤压传统手持云台相机的市场空间。

## 2.2  性价比之选：如何挑选第一台无人机

面对市场上琳琅满目的无人机产品，用户如何挑选一款契合自身需求的设备成为关键。首先是明确购机目的：是用于专业影视拍摄、日常休闲航拍，还是特定行业应用？明晰目的后，结合无人机的具体功能与应用场景，便能精准定位合适机型。本节将聚焦于无人机选购的要点与技巧，助力用户做出明智选择。

### 2.2.1  性价比评估指南

在挑选无人机时，用户应综合考量其功能与性价比。若目标是影视制作，推荐 DJI Inspire 系列，尤其是 DJI Inspire 3 搭配禅思 X9-8K Air，这一组合作为前沿的专业影视航拍解决方案，能够捕捉 8K 超高清视频，即便是在高亮度环境下，也能确保图传画面的清晰度，满足影视拍摄的高标准需求。DJI Inspire 3 搭配禅思 X9-8K Air 航拍的样片如图 2-5 所示。

对于热衷旅行的摄影爱好者，希望用无人机记录自然风光，那么 DJI Mavic 3 Pro 是理想选择。它不仅能够输出高质量影像，还具备出色的便携性，折叠后单手即可掌握，携带无负担，非常适合户外拍摄。DJI Mavic 3 Pro 航拍的样片如图 2-6 所示。

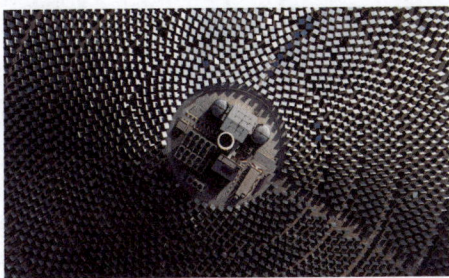

图 2-5  DJI Inspire 3 搭配禅思 X9-8K Air 航拍的样片

图 2-6  DJI Mavic 3 Pro 航拍的样片

对于热衷拍摄 Vlog 的爱好者，DJI Flip 系列无人机是轻量化创作的理想选择。DJI Flip 系列无人机以 249 克超轻机身和折叠后仅 62 毫米厚度为核心亮点，主打便携旅行拍摄。其搭载 1/1.3 英寸 4800 万像素 CMOS 传感器与三轴云台防抖，支持 4K/60fps HDR 视频录制，配合 AI 智能跟拍、语音控制简化操作，适配风光记录与运动跟拍。DJI Flip 航拍的样片如图 2-7 所示。

图 2-7　DJI Flip 航拍的样片

若是航拍领域的初学者，尚未掌握无人机操作基础，但对航拍充满热情并渴望学习相关技术，建议从入门级无人机入手，进行初步实践。可考虑在网上选购价格较低的微型无人机，以此熟悉基础飞行技巧。此类无人机即便出现操作失误导致炸机，也不会造成太大经济损失，且它们通常配备有基础摄影功能，虽像素有限，但足以满足初步学习和拍摄需求。

## 2.2.2　入门级无人机推荐

对于刚接触无人机的新手来说，选择一款操作简单、性能稳定且价格适中的入门级无人机至关重要。入门级无人机通常具备基础的飞行功能，同时在安全性、耐用性和操控体验方面进行了优化，能够帮助初学者快速上手，降低炸机风险。

### 1. DJI Mini 系列

DJI Mini 系列以轻便小巧、易于操作著称，适合初学者使用。例如 DJI Mini 3，不仅支持 4K 拍摄，还具备智能返航和三向避障功能，大幅提升了飞行安全性。其重量低于 249 克，无须注册即可合法飞行，是入门用户的理想选择。DJI Mini 3 官网购买页面如图 2-8 所示。

图 2-8　DJI Mini 3 官网购买页面

## 2. DJI Flip

DJI Flip 是大疆推出的一款轻巧便携的入门级航拍无人机，重量仅 249 克，无须遥控器即可掌上起飞。其可折叠全包围桨叶保护罩的创新设计，确保飞行安全，同时支持 AI 智能跟拍，自动锁定主角。该无人机搭载了 1/1.3 英寸传感器，支持 4K/60fps HDR 视频录制和 4800 万像素照片拍摄，满足高质量影像需求。此外，它还内置多种智能拍摄模式，如一键短片、大师镜头和延时摄影等，非常适合新手和 Vlog 创作者使用。轻便、安全、智能的 DJI Flip 是日常记录和旅行拍摄的理想选择。DJI Flip 官网购买页面如图 2-9 所示。

图 2-9　DJI Flip 官网购买页面

## 3. DJI Neo

DJI Neo 是大疆于 2024 年推出的掌上 Vlog 无人机，主打轻量化与零门槛操作。机身仅重 135 克，配备全包保护罩设计，支持掌上起降、AI 智能跟拍及 6 种一键短片模式（如环绕、冲天等），无须遥控器即可通过手机 App 或语音操控。其 4K/30fps 视频拍摄、22GB 内置存储及手机快传功能，满足日常拍摄需求，尤其适合记录旅行、运动等场景。DJI Neo 官网购买页面如图 2-10 所示。

图 2-10　DJI Neo 官网购买页面

### 2.2.3　无人机配件清单及参数

在无人机飞行与航拍过程中，合适的配件不仅能提升飞行安全性，还能优化拍摄体验。以 DJI Mavic 3 Pro 为例，以下是关键配件及其详细参数，根据不同版本，包装内容有所差异。

#### 1. 标准版（DJI RC 遥控器）

DJI Mavic 3 Pro 无人机、DJI RC 遥控器（5.5 英寸屏）、DJI Mavic 3 系列智能飞行电池、DJI Mavic 3 系列降噪螺旋桨（对）、DJI 65W 便携充电器、USB3.0 Type-C 数据线、DJI Mavic 3 Pro 收纳保护罩、DJI RC 备用摇杆（对）。标准版（DJI RC 遥控器）包装清单，如图 2-11 所示。

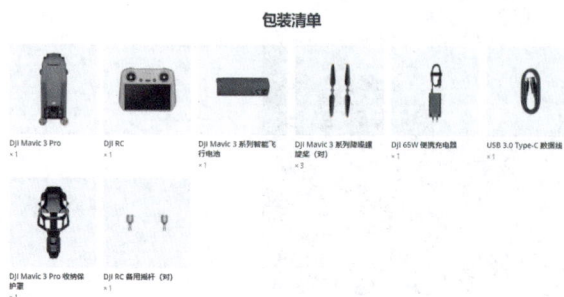

图 2-11　标准版（DJI RC 遥控器）包装清单

#### 2. 畅飞套装（DJI RC Pro 遥控器）

畅飞套装和标准版相比，在 DJI Mavic 3 Pro 无人机、DJI Mavic 3 系列降噪螺旋桨（对）、DJI Mavic 3 Pro 收纳保护罩的基础上，遥控器升级为 DJI RC Pro 遥控器，备用摇杆升级为备用 DJI RC Pro 摇杆，DJI Mavic 3 系列智能飞行电池新增两块共三块，DJI 65w 便携充电器升级为 DJI 100w 桌面充电器和 AC 电源线，USB3.0 Type-C 数据线升级为双头 USB-C 数据线，新增 DJI Mavic 3 充电管家（100w）、DJI Mavic 3 Pro ND 镜套装（ND8/16/32/64）、DJI 单肩包。畅飞套装（DJI RC Pro 遥控器）包装清单，如图 2-12 所示。

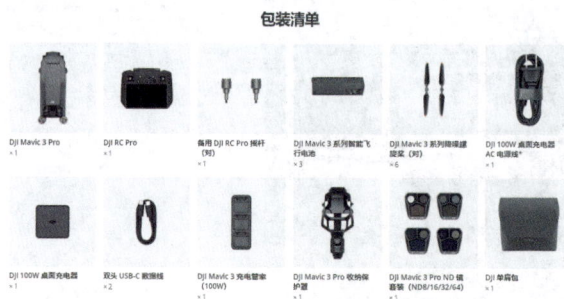

图 2-12　畅飞套装（DJI RC Pro 遥控器）包装清单

### 3. Cine 大师套装

Cine 大师套装和畅飞套装相比，在畅飞套装的基础上新增 DJI 10Gbps 高速数据线。Cine 大师套装包装清单，如图 2-13 所示。

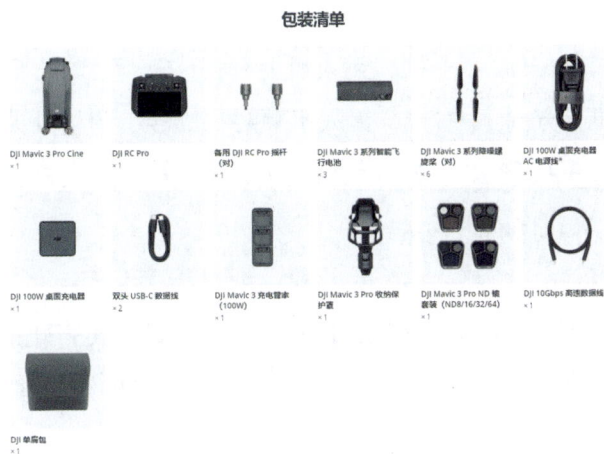

图 2-13　Cine 大师套装包装清单

## 2.3　安全飞行必备：配件的正确使用与保养

无人机的附属配件涵盖遥控器、操作杆、云台摄像机、充电设备以及桨叶等。掌握这些配件的操作技巧、功能及属性，能够助力用户实现更高效、更安全的飞行操控。以下将对上述配件进行详尽解析。

### 2.3.1　遥控器与操作杆的使用技巧

在无人机飞行过程中，用户熟练掌握遥控器和操作杆的使用技巧，不仅可以提升飞行的稳定性，还能确保航拍画面的流畅性与精准性。以 DJI Mavic 3 Pro 为例，该款无人机搭载 DJI RC Pro 遥控器，采用 O3+ 图传技术，最大控制距离可达 15 公里。遥控器内置 5.5 英寸 1080P 高清屏幕，具备 1000 尼特的高亮度，即使在户外强光下依然能清晰显示无人机画面。此外，遥控器支持长达 3 小时的续航，并具备快速充电功能，满足长时间飞行需求。

#### 1. 遥控器的使用参考

在飞行前，确保遥控器与无人机成功连接，并检查信号强度。天线需朝向无人机飞行方向，避免因角度不佳导致信号衰减。同时，确保手机或遥控器内置屏幕已开启 DJI Fly App，以便实时监控无人机状态。

## 2. 操作杆的使用参考

DJI RC Pro 遥控器采用可拆卸式控制摇杆，可以精准控制 DJI Mavic 3 Pro 的飞行动作。了解操作杆的基本功能是安全飞行的基础。

1）基础操控

左操作杆（油门＋偏航）：上推，无人机上升；下拉，无人机下降。左推，无人机逆时针旋转（调整机头方向）；右推，无人机顺时针旋转（调整机头方向）。

右操作杆（前进＋横移）：上推，无人机前进；下拉，无人机后退。左推：无人机向左平移；右推，无人机向右平移。

2）稳定飞行技巧

小幅度操作：避免剧烈推拉操作杆，以免无人机抖动或飞行轨迹不稳定。

云台稳定控制：拍摄时缓慢推动操作杆，以保持流畅的镜头移动效果，适用于航拍大片或跟拍场景。

智能模式配合：结合三种飞行模式（普通 P 模式、运动 S 模式、三脚架 T 模式）使用。普通 P 模式适用于日常飞行，运动 S 模式提升速度，三脚架 T 模式则可增强飞行平稳性。

### 2.3.2 云台与螺旋桨的维护

无人机的云台和螺旋桨是保证飞行稳定性和拍摄质量的关键部件。以 DJI Mavic 3 Pro 为例，定期维护这些配件，不仅能延长设备寿命，还能减少飞行风险，提升拍摄效果。

## 1. 云台维护

云台维护包括日常清洁、检查云台状态、正确安装与拆卸云台保护罩，以及定期进行云台校准这 4 个部分。

1）日常清洁

每次飞行后，使用柔软的干布轻轻擦拭云台表面，清除灰尘、污垢和杂物，避免灰尘堆积影响云台的正常运动和拍摄效果。

2）检查云台状态

飞行前和飞行后，检查云台是否有松动、歪斜或异常晃动的情况。如果发现云台不能正常工作或有损坏迹象，如螺丝松动、部件脱落等，应及时维修或更换。

3）正确安装与拆卸云台保护罩

正确安装云台保护罩：将无人机关机，手动将云台相机调整至水平向前，然后将云台保护罩上方的卡扣扣入机身凹槽部位，再将下方卡扣推入机身凹槽。

正确拆卸云台保护罩：先将下方卡扣从机身上移除，再将整个云台保护罩移除。

注意在拆卸保护罩时，要轻拿轻放，避免对云台造成碰撞或挤压。

4）定期进行云台校准

如果无人机在开机状态下云台出现歪斜，或者 DJI Fly App 提示需要进行云台校准，可按照以下步骤操作。

**步骤 01** 开启无人机与遥控器，进入 DJI Fly App。

**步骤 02** 进入相机界面，点击右上角"…"图标进入更多设置，选择"操控"，点击"云台校准"按钮，然后选择"自动校准"。

**步骤 03** 避免外力冲击。在操作和运输过程中，要避免云台受到碰撞或剧烈震动，以免损坏云台的机械结构和电子元件。

## 2. 螺旋桨维护

螺旋桨维护包括日常清洁保养、检查桨叶状态、安装和拆卸螺旋桨、定期更换桨叶以及存储注意事项这 5 个部分。

1）日常清洁保养

每次飞行后，使用柔软的干布擦拭螺旋桨表面，清除灰尘、污垢和杂物，避免杂物堆积影响螺旋桨的平衡和性能。同时，检查螺旋桨与电机连接处是否有异物，如有应及时清理。

2）检查桨叶状态

每次飞行前仔细检查螺旋桨是否有裂痕、变形、磨损或松动等情况。如果发现桨叶有破损或变形，即使是很小的损伤，也应立即更换新的桨叶，以确保飞行安全。

3）安装和拆卸螺旋桨

安装螺旋桨：水平放置无人机，确认无人机摄像头朝前。将带有灰色标记的螺旋桨安装在带灰色标记的电机上，将不带灰色标记的螺旋桨安装在不带灰色标记的电机上，安装时旋紧螺旋桨，确保其牢固。

拆卸螺旋桨：无标识桨叶按压后顺时针旋转即可取下，带灰色标记的桨叶按压后逆时针旋转即可取下。

4）定期更换桨叶

即使桨叶没有明显的损坏，也建议定期更换，尤其是在经历过多次碰撞或长时间使用后，桨叶可能会出现疲劳损伤，影响飞行性能和安全性。

5）存储注意事项

在不使用无人机时，将螺旋桨从电机上拆下，并存放在干燥、通风、温度适宜的地方，避免阳光直射和潮湿环境，防止桨叶老化或变形。

# 第 *3* 章

## 无人机的开箱验货

**学习提示**

    收到购买的无人机后，用户应立即进行开箱检验并对照配件清单逐一核对，以确保所有配件齐全，避免后续因配件缺失而带来的购置不便。此外，用户还需熟练掌握正确的设备启动流程以及固件更新的相关操作。在正式起飞前，务必熟悉并遵守各项飞行前的注意事项，以有效预防飞行事故，确保飞行安全。

## 3.1 正品鉴定：开箱验货的黄金法则

为了确保所接收的无人机具备良好的工作状态和符合规格的性能，用户需要掌握一系列专业的验货技能。这些技能涵盖了从开箱时的初步外观检查，到详细对照配件与物品清单进行逐一核对，确保所有配件齐全且无损坏。

此外，还包括对无人机关键性能指标的检验与测试，如飞行稳定性、图像传输质量、电池续航能力等，以验证其是否达到制造商的性能标准。

本节内容将详细介绍这些验货步骤中涉及的专业知识和实用技巧，帮助用户在接收无人机时能够准确评估其品质，避免因设备问题导致后续使用不便。

### 3.1.1 验货步骤与注意事项

收货后，需立即进行开箱检验，以 DJI Mavic 3 Pro 无人机为例，如图 3-1 所示。首要任务是细致检查无人机机身及所有配件的外观完整性，排查任何破损迹象。一旦发现无人机或配件存在损伤，应立即与售后服务中心联系，寻求解决方案。

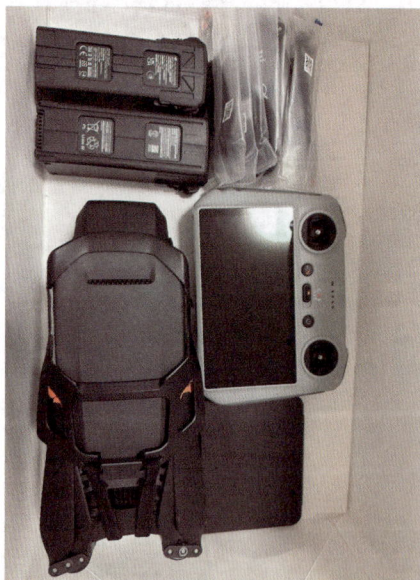

图 3-1　DJI Mavic 3 Pro 无人机开箱检验

切记，绝不使用存在损伤或破损的无人机进行飞行，此举将带来严重的安全隐患。

### 3.1.2 配件核对与试飞前的准备

开箱检查后，应该对照清单验证原装配件（遥控器、电池、充电器）及包装完整性，核对机身与包装 SN 码一致性；同时也要测试起飞 / 悬停稳定性、电池续航（满电悬停至自动降落）、6 级风抗性及 −25℃低温功能，建议要求卖家示范操作。

### 1. 配件核对

在选购无人机前用户必须熟悉无人机的完整配件清单，并在收货时逐一核对与验证。若疏忽此步骤，可能会导致配件缺失。

虽然无人机单个配件成本相较来说并不高，但额外购置造成的不便与成本是不必要的。因此，验货环节需格外细致。在第 2 章中详尽阐述了无人机配件清单，用户可依此参照，此处不再赘述。

### 2. 试飞检验

性能验证是无人机验货的关键环节，涉及多项核心指标，如无人机的正常起飞能力、电池续航测试、抗风性能评估以及低温环境下的功能检验等。若用户尚未掌握起飞操作，可请求卖家先行示范验货试飞，并依其方法自行操作一次，以确保设备性能符合预期。以下将详细介绍验货相关知识。

1）无人机的正常起飞能力

对遥控器的操作杆功能进行测试，操控无人机升至 5 米高度，依次练习其上升、下降、前进、后退、左移、右移等基本飞行动作，确保各项操作均能顺畅执行。

2）电池续航测试

为无人机电池完成充电后，进行续航测试。将无人机升至 5 米高度并保持悬停状态，同时启动秒表计时。当无人机自动降落时，停止计时，此时秒表所记录的时间即代表该无人机在当前条件下的最大续航时长。

3）抗风性能评估

在风力不低于 6 级的条件下，测试无人机的起飞与降落性能，确保其在强风环境下操作的稳定性。

4）低温环境下的功能检验

将无人机置于环境试验箱内，进行低温耐受性测试。将试验箱温度设定为 −25 ± 2℃，持续时间 16 小时。测试完成后，将无人机置于标准大气条件下恢复 2 小时，随后检查无人机是否能够正常执行飞行任务。

## 3.2　开机要点：确保飞行无忧

在启动无人机之前，首要步骤是对其进行细致的设备状态检查。这包括确保螺旋桨已精确安装到位，无松动或损坏迹象，以及验证电池是否已正确插入并牢固锁定，以防止在飞行过程中出现意外脱落。

接下来，用户需要熟悉并遵循正确的开机顺序，这通常涉及先开启遥控器，再启动无人机，以确保两者之间的稳定通信。一旦设备启动，操作界面可能会提示固件更新需求。固件升级是提升无人机性能、修复已知漏洞以及增强飞行安全的关键步骤。因此，在收到此类提示时，应毫不犹豫地执行升级操作。

本节内容专注于无人机开机流程的详细解读，目的是让用户能够精准、熟练地掌握从设备检查到开机操作的每一个环节，从而为安全、高效的飞行体验打下坚实基础。

### 3.2.1　开关机顺序与固件升级

无人机作为现代科技的宠儿，其操作细节至关重要。开关机顺序看似简单，实则关乎设备的稳定运行与使用寿命。而固件升级更是其提升性能、优化功能的关键步骤。正确的开关机流程能避免系统故障，及时的固件更新则能解锁更多功能，让飞行体验更上一层楼。掌握这些细节，才能让无人机发挥最大效能，开启安全高效的飞行之旅。

#### 1. 开关机顺序

以下为无人机的开机顺序与关闭流程。

1）开机顺序

**步骤 01** 启动遥控器。

**步骤 02** 启动无人机。

**步骤 03** 启动 DJI Fly App。

2）关闭流程

**步骤 01** 关闭无人机。

**步骤 02** 关闭遥控器。

**步骤 03** 从遥控器支架上取下手机，断开与 DJI Fly App 的连接。

实际上，无人机的开关机顺序并非固定不变。根据大疆官方指南，建议先开启遥控器，再启动无人机，以确保无人机仅与指定遥控器安全配对，避免误连其他遥控器。在多用户环境中，若先启动无人机，存在与他人遥控器自动配对的风险，导致用户失去对无人机的控制权。无人机开机后会自动搜索并尝试与遥控器配对连接。

#### 2. 固件升级

大疆定期对无人机系统执行升级，旨在修补系统漏洞，确保飞行安全。在进行固件升级时，用户必须确保设备电量充足，因为升级过程中若发生断电，可能会引发系统故障。每次启动无人机时，DJI Fly App 会自动检测系统版本，并在界面显示检测提示。若检测到系统版本非最新，App 会弹出提示，告知用户固件版本不符，并引导用户进行固件更新。用户也可以在"关于"界面找到"飞机固件"，点击右侧的"检查更新"按钮，如图 3-2 所示。

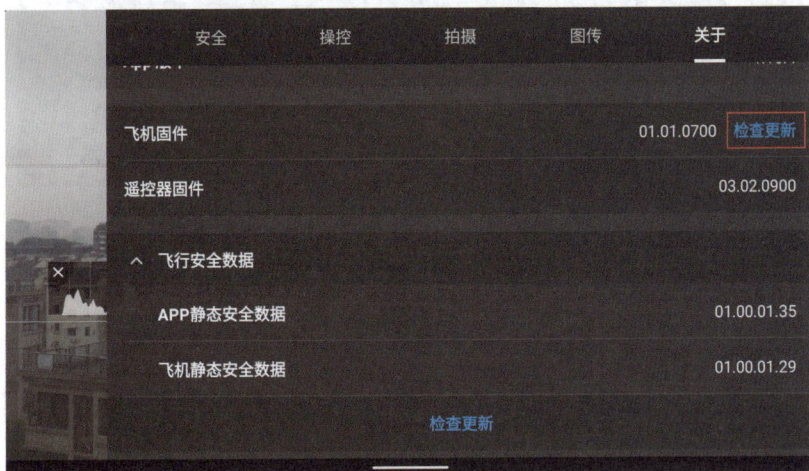

图 3-2 "关于"界面中的"检查更新"按钮

点击后，飞行固件会自动开始检查固件版本，并展示固件版本检查中的状态，如图 3-3 所示。

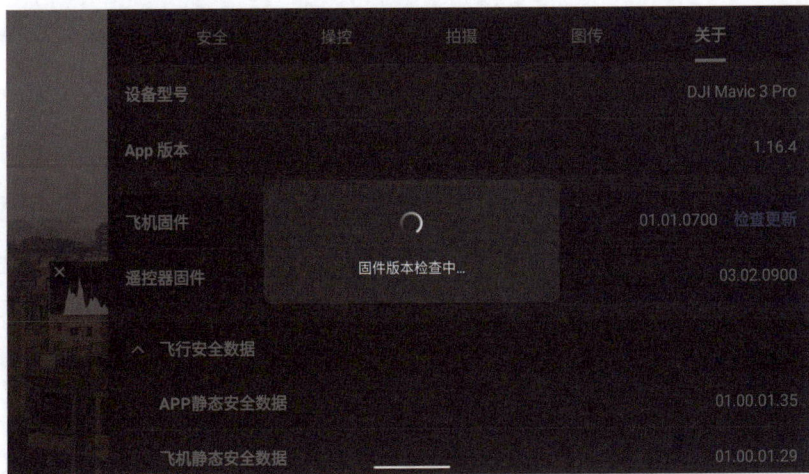

图 3-3 固件版本检查

版本更新完毕后，会弹出提示语告知用户目前已是最新版固件，如图 3-4 所示。随后即可重新启动无人机。

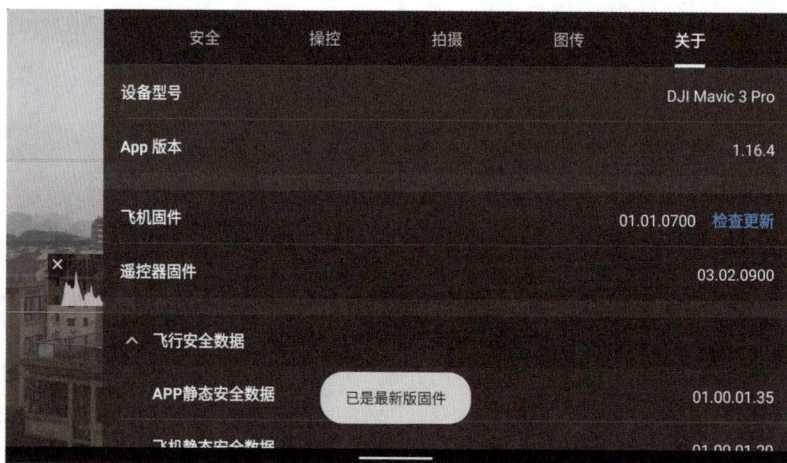

图 3-4　版本更新完毕

**小贴士：**

　　无人机单块电池的飞行时长通常约为 30 分钟，因此，电量管理至关重要。固件升级是无人机维护的常规需求，这一过程不仅频繁，而且会显著消耗电量。为避免在户外遭遇因固件升级导致的电量不足问题，建议用户在每次外出拍摄前，先在家中启动无人机，检查并完成必要的系统升级。升级完成后，确保电池充满电再出发。若在户外发现需要升级固件，这将消耗 20% 至 30% 的电量，从而大幅减少可用于飞行拍摄的电量，给拍摄计划带来不便。

## 3.2.2　无人机与遥控器的状态检查

　　在每一次无人机飞行之前，状态检查是必不可少的环节。无论是新手还是资深飞手，都需要认真对待这一过程。这不仅关乎飞行的安全性，还直接影响到拍摄效果和飞行体验。从无人机的电池电量、螺旋桨的完整性，到遥控器的信号强度、操作杆的灵活性，每一个细节都至关重要。只有确保无人机与遥控器处于最佳状态，才能让飞行更加从容，捕捉到理想的画面。

### 1. 无人机状态检查

　　在无人机起飞前，必须进行全面的安全检查，以确保各部件处于安全状态。具体检查项目包括螺旋桨是否正确安装且无松动或损坏以及电池是否牢固卡紧。

　　无人机配备四个螺旋桨，若其中任何一个螺旋桨松动，都可能会导致机身失衡，进而引发飞行事故。安装螺旋桨时，需遵循正确的安装原则：迎风面高的桨叶（逆时针旋转）应安装在左侧，迎风面低的桨叶（顺时针旋转）应安装在右侧。将无人机置于水平起飞位置后，需先取下云台保护罩，再按下电源按钮启动无人机。此外，起飞前还需检查无人机电量是否充足，电量指示灯的亮起数量代表剩余电量。

### 2. 遥控器状态检查

遥控器是无人机的核心控制设备，确保其状态正常至关重要。以 DJI RC 2 遥控器（适用于 Air 3）为例，以下是日常检查步骤，以保证操控精准、信号稳定。

1）遥控器电量检查

飞行前：确保遥控器电量充足，建议电量 ≥ 50% 再起飞，长途拍摄时最好满电出发。

充电时：使用官方推荐的 Type-C 充电器，避免非原厂配件影响电池寿命。

低电警报：如遥控器电量低于 20%，系统会发出警告，需尽快降落无人机。

2）遥控器按键与摇杆检测

摇杆灵敏度：推动摇杆检查回弹是否顺畅，无卡顿或延迟。

功能按键：测试拍照、录像、返回键、C1/C2 自定义按键，确保反应正常。

触摸屏（适用于 DJI RC 2 等带屏遥控器）：滑动流畅，无卡顿。

3）遥控器与无人机连接检查

检查信号强度：确保遥控器与无人机已成功配对，信号显示良好。

环境干扰：避免在高压线、Wi-Fi 干扰源附近起飞，以免信号受影响。

连接稳定性：若信号不稳定，可重新配对，或切换至 5.8GHz 频段（适用于干扰较大的环境）。

4）固件与校准

固件更新：进入 DJI Fly App，检查遥控器和无人机是否有最新固件，更新后可提升稳定性。

校准摇杆：若摇杆控制失灵或漂移，可在遥控器设置中的遥控器校准中重新校准。

5）遥控器存放与维护

避免极端环境：存放温度应为 0℃ ~ 40℃，避免暴晒或潮湿环境。

定期清理：使用干布擦拭屏幕、按键、摇杆，防止灰尘影响操作。

长时间不使用：定期充电，避免电池过度放电，影响寿命。

## 3.3 注意这些，才能确保飞行的安全

在执行无人机飞行任务时，操作者必须关注一系列专业要点，以确保飞行的安全

与高效。这些要点包括飞手（操控无人机飞行的人员）与云台手（负责调整云台相机角度的人员）的具体职责分配、地勤人员（负责现场协调、设备维护等任务的人员）的协作细节、起飞前的设备检查与环境评估，以及降落时的精准操作与环境监测等。

操作者在启动飞行任务之前，务必对这些关键环节有深入的理解和准备，以便有效预防潜在的飞行风险，并能够及时识别和应对飞行过程中可能出现的各种安全隐患，从而保障整个飞行任务的顺利进行。

### 3.3.1　飞手与云台手的协同

在进行无人机航拍作业时，尤其是涉及直升机或多旋翼无人机的复杂拍摄场景，通常需要团队成员之间的紧密协作才能确保任务的顺利完成。以下是对飞手与云台手在航拍过程中需注意的关键事项的详细说明。

#### 1. 飞手与云台手的协作默契

飞手负责操控无人机的飞行轨迹和姿态，而云台手则专注于云台相机的精准操控，以获取理想的拍摄画面。两者需要通过不断的练习和沟通，建立起高效的协作默契，以确保飞行与拍摄的同步性。

#### 2. 云台手对 GNSS 信号的监测

云台手在操作前应认真检查室外 GNSS 信号的强度和稳定性，因为 GNSS 信号的准确性直接影响到无人机的定位精度和飞行稳定性。确保 GNSS 信号良好，可以有效避免飞行过程中的位置漂移和失控风险。

#### 3. 遥控器信号与图传画面的稳定性

云台手需持续监控遥控器与无人机之间的信号连接状态，确保信号传输稳定无干扰。同时，要留意图传画面的质量，检查是否存在画面延迟、模糊或丢失等异常情况，这些都可能影响拍摄效果和飞行安全。

#### 4. 环境监测与指南针状态检查

云台手应时刻关注周围环境，避免无人机与障碍物发生碰撞。同时，要定期检查无人机的指南针状态，以确保其正常工作，因为指南针的准确性对于无人机的航向控制至关重要。

#### 5. 飞行参数的实时监控

飞手和云台手都必须时刻关注无人机的飞行高度、速度、距离以及剩余电池电量等关键参数。这些参数的实时监控有助于及时调整飞行策略，以确保飞行安全，并在电量不足时及时安排返航。

### 6. 与地勤人员的沟通协调

云台手需要与地勤人员保持密切联系，及时沟通无人机与地面障碍物的安全距离，以确保无人机在安全的环境中飞行。地勤人员负责现场的安全警戒和障碍物监测，他们的信息反馈对于云台手的操作至关重要。

通过以上这些细致的分工与协作，团队可以有效提升无人机航拍的效率和安全性，以确保每一次飞行都能顺利完成拍摄任务。

## 3.3.2　地勤人员的安全职责

作为地勤人员，在无人机航拍作业中承担着关键的辅助与安全保障职责，需注意以下要点。

### 1. 实时通信与信息共享

地勤人员应与飞手及云台手保持持续的沟通，及时传递无人机的实时飞行数据，包括高度、速度、位置等关键参数，确保团队成员对飞行状态有全面了解。

环境监测与障碍物预警：需密切监视无人机周边环境，及时识别并通报潜在障碍物，如建筑物、树木、电线等，协助飞手规避飞行风险，保障飞行安全。

### 2. 空域安全监控

在无人机飞行期间，地勤人员要留意附近空域的安全状况，观察是否有其他无人机、鸟类或其他飞行物体进入，避免发生空中碰撞事故。

### 3. 气象条件监测

密切关注天空中的风速、风向变化，以及天气状况。在恶劣天气如降雨、降雪、冰雹来临前，应及时通知飞手和云台手，以便迅速回收无人机，终止飞行任务，防止设备受损。

### 4. 操作环境维护

为飞手和云台手提供一个安静、无干扰的操作环境至关重要。若周围有无关人员，地勤人员应及时引导他们保持适当距离，避免干扰飞手和云台手的操作，确保飞行任务的顺利进行。

通过这些细致的职责履行，地勤人员在无人机航拍团队中发挥着不可或缺的作用，为飞行安全和拍摄效果提供坚实保障。

# 第 **4** 章

## 飞行中的应急处理技巧

**学习提示**

　　在无人机飞行操作中，用户常面临诸多突发状况，如夜间飞行时无人机定位困难、遭遇海鸥等鸟类干扰、突遇强风、GNSS 信号中断以及图传信号丢失等。这些情况易引发用户紧张，甚至可能导致飞行事故。

　　为了帮助用户更好地应对这些常见飞行突发事件，本章将提供一系列专业的指导和建议。这些指导将涵盖如何在不同环境条件下保持无人机的稳定飞行、如何在遇到突发状况时迅速做出正确的反应，以及如何利用无人机的内置安全功能来降低飞行风险。通过这些专业的指导，用户将能够学会在面对突发状况时保持冷静，采取有效的措施来处理问题，从而确保飞行的安全性和成功率。

## 4.1　特殊环境飞行：夜间与恶劣天气下的应对策略

在无人机飞行作业中，飞行环境的安全性是保障飞行稳定性的关键因素。安全的飞行环境能够有效降低无人机的运行风险。然而，也存在多种环境因素可能对无人机飞行构成威胁。例如，在夜间或低光照条件下飞行，操作者的视觉受限，难以准确追踪无人机的位置；遇到突发的强风，会影响无人机的操控性和稳定性。以下将针对这些特定环境风险，提供相应的技巧性应对措施。

### 4.1.1　夜间飞行的定位

若用户在夜间飞行中失去对无人机的视觉追踪，无须慌张。可在 DJI Fly App 的飞行界面左下角，点击地图预览框，如图 4-1 所示，利用 App 内置的地图功能辅助定位无人机。

此时，地图界面将被激活，如图 4-2 所示。在地图页面中将显示红色飞机图标与用户当前位置的距离，把红色飞机箭头对准自身方向，随后通过操纵遥控器的摇杆，引导无人机沿该方向返回。

图 4-1　地图预览框　　　　　图 4-2　被激活的地图界面

**小贴士：**

用户应避免在夜间进行无人机飞行。尽管无人机配备有闪烁的指示灯以辅助定位，但夜间的低能见度和不良光线条件会极大限制用户对空中状况的观察。

此外，电线等障碍物可能会干扰无人机的指南针，增加飞行事故的风险。同时，空中其他动物或民用飞机的存在也会带来安全隐患。值得注意的是，夜间光线不足会导致无人机的避障系统功能受限，无法有效识别前方障碍物，如高墙等，从而可能引发碰撞。一旦发生飞行事故，后果将不堪设想。

### 4.1.2　恶劣天气下的飞行技巧

在恶劣天气条件下，如遭遇强风，应避免进行无人机飞行。强风中的湍流可能导致无人机失去稳定性，破坏飞行平衡，增加飞行事故的风险。若在飞行过程中突遇大风或其他恶劣天气，用户应迅速降低无人机飞行高度，或在低空保持稳定速度缓慢返回。在必要时，选择一个安全地点紧急降落，之后再前往该地点回收无人机，以确保设备安全。

## 4.2 信号失联：GNSS与图传信号丢失的紧急处理

当无人机周边存在电线杆、铁栏杆或电视信号塔等障碍物时，可能会对无人机的信号传输造成干扰，导致GNSS信号丢失或图传信号中断。本节将重点介绍信号丢失情况下的应急处理技巧，帮助读者在面对此类突发状况时能够迅速采取有效措施。

### 4.2.1 GNSS信号丢失的应急措施

当GNSS信号缺失或强度不足时，DJI Fly App界面左上角将显示"谨慎起飞（无卫星定位）"的警告语，如图4-3所示。在飞行过程中，若无人机自动进入这两种模式之一，用户应保持冷静，轻微调整遥控器摇杆以维持飞行稳定。随后，用户需迅速引导无人机脱离信号干扰区域，或在安全区域内降落，以避免飞行事故。

图4-3 显示"谨慎起飞（无卫星定位）"的警告语

### 4.2.2 图传信号丢失的应急措施

当无人机起飞并准备进行拍摄时，若图传信号突然中断，导致手机屏幕黑屏且无任何显示，应如何应对？

首先保持冷静，不要随意拨动遥控器摇杆；然后检查无人机与遥控器的连接状态，若遥控器指示灯显示为绿色，表明两者连接正常。此时，可能是手机卡顿导致DJI Fly App意外退出，从而引发黑屏和信号中断。用户可尝试重新启动DJI Fly App，检查图传信号是否恢复。若图传信号仍未恢复，可利用遥控器的返航功能，手动触发无人机自动返回起飞点。

**小贴士：**

图传信号的意外中断，通常由应用程序（App）的意外关闭（闪退）所导致。在飞行操作中，这种情况时有发生。一般通过重新启动相关App，即可恢复图传画面的正常显示。

## 4.3 设备意外：电量不足与空中失联的解决方案

在无人机飞行操作中，操作者可能会遇到多种突发状况。例如，在执行自动返航时因电池电量不足导致无人机无法安全返回起飞点，或者在飞行过程中因信号中断等原因导致无人机与地面控制站失联。这些突发状况不仅会影响飞行任务的完成，还可能对无人机的安全构成威胁。为了帮助操作者在遇到这些问题时能够迅速做出反应并采取有效的应对措施，本节将详细介绍与无人机设备相关的应急处理技巧。这些技巧将涵盖电量管理、信号恢复以及紧急降落等多个方面，旨在帮助操作者在复杂环境下保障飞行安全，减少潜在损失。

### 4.3.1 电量不足时的返航策略

许多无人机操作者在飞行过程中忽略了对电池电量的实时监控，未能预留足够的电量用于返航。当意识到电量不足时，无人机已无法安全返回起飞点。面对这种情况，操作者应首先通过无人机的实时图传功能，观察周围环境，选择一个相对安全的降落地点，同时缓慢降低飞行高度，进行紧急降落。在无人机安全着陆后，操作者可以通过飞行记录中的 GNSS 轨迹和位置信息，快速定位无人机的降落位置，并及时前往回收，以防止无人机被他人误取或丢失。

### 4.3.2 空中失联的搜寻与应对

当无人机在飞行中因信号中断而失联，且操作者无法确定其失联前的具体位置时，可以拨打大疆官方客服电话寻求帮助。通过客服的专业指导，利用无人机的定位系统和飞行记录数据，尝试找回失联的无人机。

除了联系客服，还有一种特殊的位置寻回方法可以尝试，具体步骤如下。

**步骤 01** 打开 DJI Fly App 主界面，如图 4-4 所示，进入系统设置菜单。

**步骤 02** 在系统设置菜单中，找到安全分类下的"找飞机"选项，如图 4-5 所示。此时，App 将自动调用地图功能，显示无人机的当前位置。

图 4-4　DJI Fly App 主界面

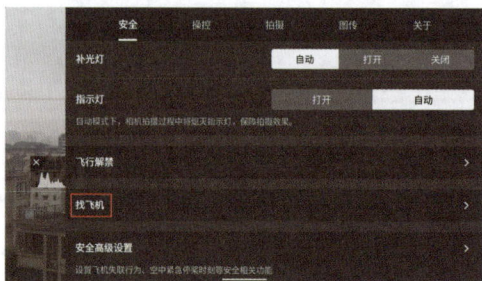

图 4-5　安全分类下的"找飞机"选项

**步骤 03** 在系统设置菜单中，找到关于安全分类下的"飞行安全数据"选项，如图4-6所示。在"飞行安全数据"选项下，汇总了用户的所有飞行记录，包括每次飞行的详细数据。

**步骤 04** 在"飞行数据中心"界面中，从下往上滑动屏幕，找到并点击列表中的最后一条飞行记录，如图4-7所示。这条记录通常包含了最近一次飞行的详细信息，包括起飞时间、飞行轨迹、降落位置等关键数据，可用于辅助定位失联无人机。

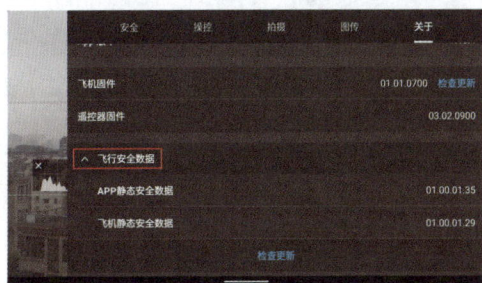

图4-6　安全分类下的"飞行安全数据"选项　　　　图4-7　查看飞行记录

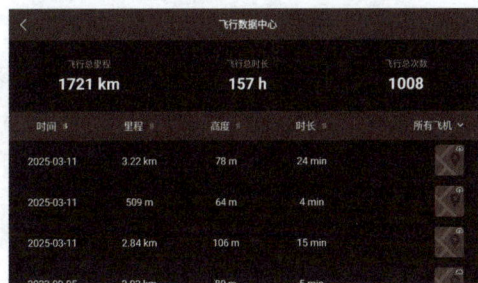

**步骤 05** 拖动界面底部的进度条，可获取无人机最后飞行时刻的精确坐标值，如图4-8所示。通过这些坐标值，能够大致定位无人机的坠落位置。目前，大多数无人机的坠机记录点误差范围在10米以内。即使他人捡到无人机，没有遥控器也无法操作。

图4-8　无人机的精确坐标值

**小贴士：**

在无人机飞行过程中，若因飞行高度过高或受周边环境干扰导致信号衰减，可能引发无人机失联。此时，用户应保持冷静。无人机在信号丢失后通常会自动进入下降模式。用户可根据最后一次定位信息，估算无人机的大致位置，并缓慢靠近该区域。随着距离的缩短，信号强度可能逐渐恢复，从而重新建立通信连接，实现无人机找回。

# 第 *5* 章

## 无人机飞行环境全解析

### 学习提示

　　在启动无人机飞行任务之前，操作者需要精准评估无人机的飞行环境，以确保飞行的安全性和合规性，同时降低因环境因素导致的飞行事故风险。本章将深入探讨多种常见飞行环境的特征，包括乡村、山区等场景，分析其对无人机飞行的影响，并提供相应的飞行策略。此外，本章还将介绍如何利用手机 App 工具进行飞行前的环境评估，包括寻找理想的拍摄点、实时监测天气变化以及评估飞行区域的空域限制。通过这些方法，操作者能够更好地规划飞行路线，优化拍摄效果，从而捕捉到高质量的航拍照片，提升飞行任务的成功率和安全性。

## 5.1 飞行环境选择：乡村、山区

本节将深入探讨无人机的飞行环境选择，包括乡村、山区等。针对每种环境的特殊条件和潜在风险，详细介绍飞行操作的注意事项和应对策略。通过这些专业指导，读者将能够精准掌握不同环境下的飞行技巧，以确保飞行安全，同时提升拍摄效果。

### 5.1.1 乡村地区的飞行优势与挑战

乡村地区通常环境开阔、安静，人口密度低，为无人机飞行提供了较为安全的条件。然而，乡村上空的电线分布较为密集，这可能对无人机的信号传输造成干扰，增加飞行风险。

因此，用户在选择乡村地区的飞行区域时，应优先选择远离电线杆的空旷地带，以确保飞行环境的安全性。在起飞前，用户需对周围环境进行仔细检查，确认无安全隐患后方可启动无人机，如图 5-1 所示。

图 5-1　乡村地区飞行环境

小贴士：

在乡村地区，开阔的环境为无人机飞行训练提供了理想条件，操作者可以在此练习多种飞行动作，包括直线飞行、曲线飞行、八字飞行、倾斜飞行以及穿越障碍物等。这些飞行动作的技巧和要点将在后续章节中进行详细讲解。

对于无人机飞行新手而言，若条件允许，建议携带一名"观察员"一同出行。该"观察员"可协助监控无人机在空中的位置及周边飞行环境的安全性，有效缓解新手因紧张或担心而产生的心理负担，显著提升飞行安全性，使新手能够更从容地练习各类飞行动作。当新手专注于通过手机屏幕操控无人机时，"观察员"能够及时发现并提醒潜在的空中或周边危险障碍物，为其提供关键支持。

在乡村地区进行航拍时，掌握光线运用至关重要。摄影艺术中，光线是核心要素之一。若想通过无人机拍摄出高质量的照片，需精准捕捉最佳光源与拍摄位置。例如，清晨的阳光柔和适中，既不会因过亮导致画面过曝，也不会因光线过硬而影响成像质量，如图5-2所示。

图 5-2　柔和光线下的航拍效果

在清晨进行无人机飞行练习时，乡村中弥漫的晨雾能够为画面增添独特的氛围感，使整个场景仿佛置身于仙境之中。这种朦胧的视觉效果极具美感，能够为航拍作品带来梦幻般的艺术效果，如图5-3所示。

图 5-3　晨雾下的航拍效果

## 5.1.2　山区飞行的技巧与安全

山区的自然景观以其雄伟的山脉、深邃的峡谷和丰富的植被，展现出强烈的视觉冲击力。通过无人机的航拍视角，能够轻松捕捉到这些令人震撼的自然场景，呈现出令人惊叹的视觉效果。图5-4展示了一幅在山区拍摄的高山美景，画面中连绵起伏的山脉覆盖着郁郁葱葱的植被，呈现出一片生机勃勃的绿色。这种绿色不仅象征着自然的活力，也为画面增添了层次感和深度。整体画面给人以舒适且宁静的视觉感受，仿佛将观者带入一个远离喧嚣的自然世界。

图 5-4　山区拍摄的高山美景

> **小贴士：**
>
> 在山区飞行时，建议用户携带一块平整的起飞板，将无人机放置在板上起飞。这一措施可以有效避免山区碎石和沙尘对无人机造成的磨损，确保无人机的起飞安全。

除此之外，在山区进行无人机飞行作业时，用户需精准掌握以下的关键要点，这些要点对飞行安全与拍摄效果至关重要。

### 1. 人身安全

在山区开展航拍作业时，安全始终是首要原则，尤其是操作者的人身安全至关重要。操作者在操控无人机时，每一步都需格外谨慎，避免因分心而随意走动。如果需要移动位置，必须时刻留意脚下路况，切勿在行走时分心查看手机屏幕或其他设备。这种行为不仅违反了航拍操作规范，还极易引发严重的安全事故。一旦不慎踏空，轻则可能导致皮外伤，重则可能坠落悬崖，危及生命安全。因此，在山区航拍时，操作者务必严格遵守安全操作规程，确保自身和设备的安全。

### 2. GNSS 信号

在山区环境下，GNSS 信号通常较为稳定，但在无人机起飞阶段，信号锁定可能会受到干扰。特别是在靠近陡崖或峡谷飞行时，GNSS 信号容易变得不稳定。因此，在选择无人机起飞点时，应观察天空的开阔程度。如果天空被山体、建筑物或树木遮挡的比例超过 40%，GNSS 信号的稳定性可能会受到影响；若遮挡的比例超过 50%，GNSS 信号锁定将变得困难。

### 3. 天气情况

山区的气象条件极为复杂，气候特征独特，且气流紊乱无序，上升气流与下降气流相互交织。这种复杂的气流环境会导致无人机在空中飞行时出现剧烈的颠簸，飞行稳定性大幅下降，难以拍摄出平稳、清晰的画面。正如民航客机在遭遇强气流时会出现剧烈颠簸一样，小型无人机在这种环境中飞行，其安全性面临更大的挑战，需要操作者格外谨慎。

此外，山区的天气变化极为迅速，短时间内可能出现降雨、降雪，甚至冰雹等恶劣天气。这些极端天气条件不仅会对无人机的飞行性能产生严重影响，还可能直接威胁到无人机的安全。因此，操作者在飞行前和飞行过程中必须密切关注天气动态，实时评估飞行环境的安全性，必要时及时调整飞行计划，以确保飞行安全。

### 4. 拍摄器材

攀登至高海拔山区拍摄壮丽风光，不仅考验体力与时间管理，更需提前规划摄影装备。若到达山顶才发现遗漏关键器材，如存储卡或备用电池，便会错失良机。因此，出发前务必细致检查摄影设备，如存储卡容量是否充足、是否需携带备用卡、电池是否满电、是否携带移动电源等。只有准备充分，才能高效利用拍摄时间，捕捉完美瞬间。

## 5.2 拍摄点挑选工具：奥维互动地图与全球潮汐 App 的使用

除了上述两大飞行环境，用户还可借助专业工具选取理想的拍摄点。以下是 3 款助力航拍的手机 App：谷歌地球、奥维互动地图和全球潮汐。这些工具可精准定位拍摄场景，优化航拍选点，提升拍摄效果。

### 5.2.1 奥维互动地图 App 的飞行规划

奥维互动地图是一款功能强大的地理信息与导航软件，不仅支持多源地图切换，还具备高程数据、3D 实景、BIM 模型加载等专业功能。其核心优势在于能够一站式解决出行和地理规划需求，用户可通过搜索功能快速定位景点、交通、餐饮、娱乐、银行、住宿、购物、医院及公园等信息。此外，奥维互动地图还支持轨迹记录、位置分享、地图编辑和 CAD 无缝对接等实用功能。

以下是利用奥维互动地图 App 进行各地飞行规划的具体操作步骤。

步骤 01 在应用商店中搜索"奥维互动地图"App，如图 5-5 所示。

步骤 02 点击"奥维互动地图"右侧的"安装"按钮，进入 App 的安装流程，如图 5-6 所示。

图 5-5　应用商店中搜索"奥维互动地图"　　　图 5-6　进入 App 安装流程

步骤 03 安装完成后，启动"奥维互动地图"App，随后弹出"隐私与服务协议"界面，点击下方"同意"按钮，如图 5-7 所示。

步骤 04 同意"隐私与服务协议"后，进入初始欢迎界面，如图 5-8 所示。

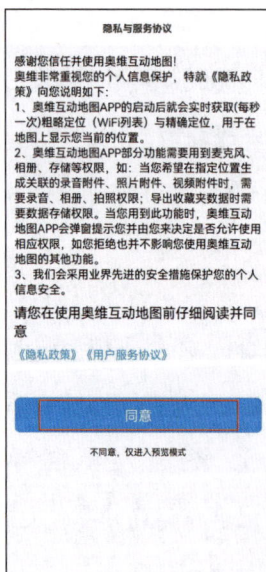

图 5-7　"隐私与服务协议"界面下方的"同意"按钮　　　图 5-8　初始欢迎界面

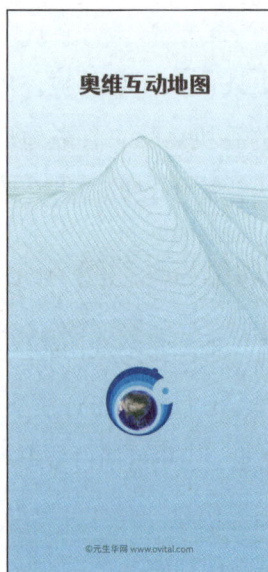

步骤 05 稍作等待，进入"奥维互动地图"主操作界面，如图 5-9 所示。

步骤 06 点击界面顶部的"搜索栏"，进入"视野内搜索"界面，如图 5-10 所示，用户可通过此功能检索餐饮、交通、娱乐、银行、住宿、购物及生活服务等信息，覆盖"吃、住、行、游、购、娱"六大需求场景。输入目标关键词（如"橘子洲头"），检索其相关信息，随后点击"经纬度"按钮。

图 5-9　主操作界面

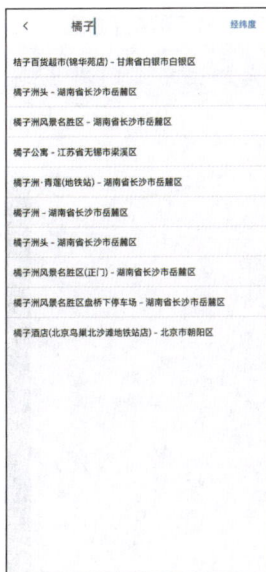

图 5-10　"视野内搜索"界面

**步骤 07** 完成搜索后，目标景点信息及具体位置将被精准定位并显示在地图上，如图 5-11 所示。

**步骤 08** 点击界面顶部的"路线"按钮，进入导航模式。选择"步行"模式后，设置起点与终点位置，并点击"搜索"按钮，如图 5-12 所示。App 将规划并显示最优步行路线，用户可依此导航到达目的地。

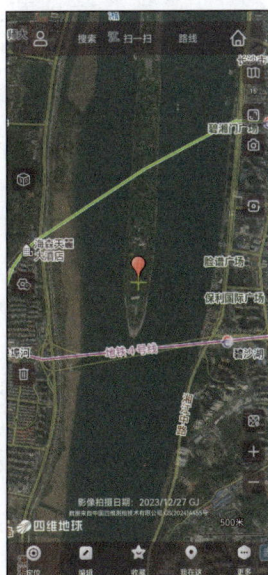

图 5-11　目标景点信息及具体位置

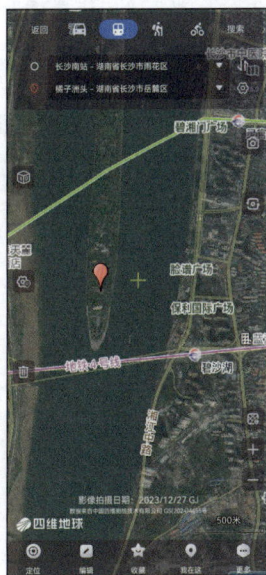

图 5-12　搜索路线

**步骤 09** 点击"返回"按钮，返回主界面，再次点击"搜索"按钮，进入"视野内搜索"界面。点击"餐饮"选项下的"中餐"选项，如图 5-13 所示。

步骤 10 操作完成后，系统将精准检索并显示景点附近的中餐店铺信息，包括店铺位置、联系电话及人均消费等，如图 5-14 所示。该功能覆盖用户出行的各类需求，实用性极强。

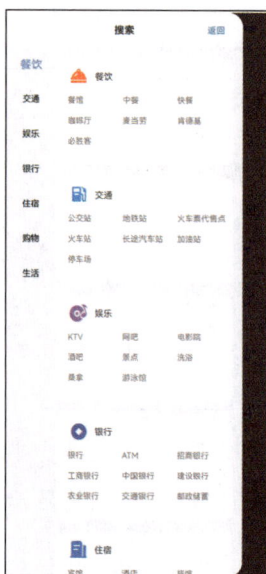

图 5-13　"餐饮"选项下的"中餐"选项

图 5-14　中餐店铺信息

## 5.2.2　全球潮汐 App 的日出日落时间预测

"全球潮汐"App 为用户提供了精准的海洋与气象信息，支持在地图上查看任意地点的潮汐、天气、日出及日落数据。用户不仅能获取每小时的天气预报，还能查看未来 7 天内的详细气象信息，同时对大潮、中潮、小潮进行精准预测。通过精确掌握潮汐、日出与日落时间，用户可优化无人机航拍计划，捕捉最佳光影效果，提升沿海风光摄影的创作质量，避免错过关键拍摄时机。

以下是利用全球潮汐 App 查看各地日出日落预测时间的具体操作步骤。

步骤 01 在应用商店中搜索"全球潮汐"App，如图 5-15 所示。

步骤 02 点击"全球潮汐"右侧的"安装"按钮，进入 App 安装流程，如图 5-16 所示。

步骤 03 安装完成后，启动"全球潮汐"App，进入欢迎界面，向左滑动屏幕，切换至"全球潮汐"App 的天气与海浪信息界面，点击下方的"立即体验"按钮，如图 5-17 所示。

步骤 04 进入"全球潮汐"App 的地址位置界面，点击界面右上角的导航按钮，如图 5-18 所示。

图 5-15　应用商店中搜索"全球潮汐"

图 5-16　进入 App 安装流程

图 5-17　"立即体验"按钮

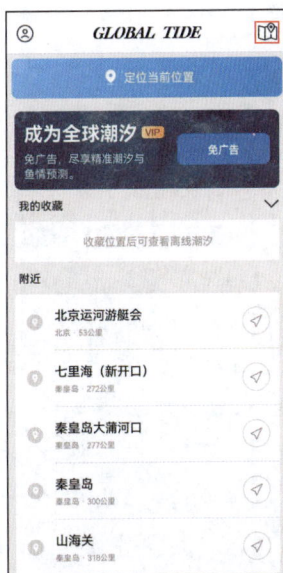

图 5-18　导航按钮

**步骤 05** 切换至 App 的地图界面，点击"搜索地点"搜索框，如图 5-19 所示。

**步骤 06** 进入搜索界面，输入目标地址"深圳大梅沙"，并选择"大梅沙海滨公园"选项，如图 5-20 所示。

**步骤 07** 搜索完成后，点击地址卡片界面下方的"收藏"按钮，方便日后随时查看该景点的气候与潮汐信息，如图 5-21 所示。

**步骤 08** 界面自动跳转至登录界面，用户需登录账户才能保存当前位置，输入邮箱地址及验证码后，点击"微信登录"按钮，如图 5-22 所示。

图 5-19 "搜索地点"搜索框

图 5-20 输入目标地址

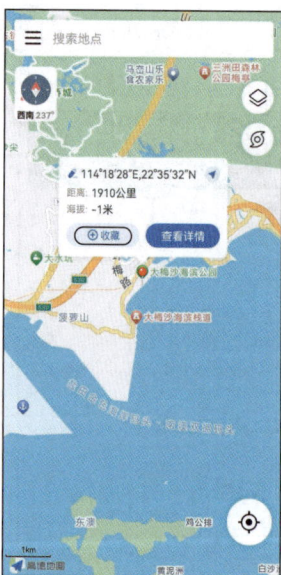

图 5-21 "收藏"按钮

图 5-22 "微信登录"按钮

步骤 09 登录后，返回刚搜索到的地图界面，下方弹出相关面板，输入需保存的地点信息，设置名称为"大梅沙公园"，点击"保存"按钮，如图 5-23 所示。

步骤 10 完成保存后，在地图界面点击下方的"查看"按钮，进入"大梅沙公园"界面，可查看大梅沙公园的每小时天气预报，向上滑动屏幕则可查看未来 7 天的小时天气预报信息，如图 5-24 所示。

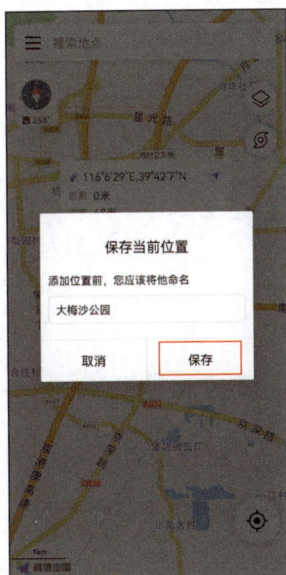

图 5-23　"保存"按钮

图 5-24　查看大梅沙公园的每小时天气预报

**步骤 11** 向左滑动屏幕，调出大梅沙公园的气象数据，涵盖体感温度、风速、浪高、潮高和水温等关键信息，如图 5-25 所示。这些数据可为用户精准把握现场环境提供依据，助力高效规划拍摄行程。

**步骤 12** 继续向左滑动屏幕，进入日历界面，查看大梅沙公园的潮汐预报，包括中潮、大潮、小潮等信息，如图 5-26 所示。对于沿海航拍或旅行的用户，"全球潮汐"App 提供的精准气象与潮汐数据，能够有效辅助用户优化拍摄计划，确保捕捉最佳拍摄时机。

图 5-25　查看大梅沙公园的气象数据

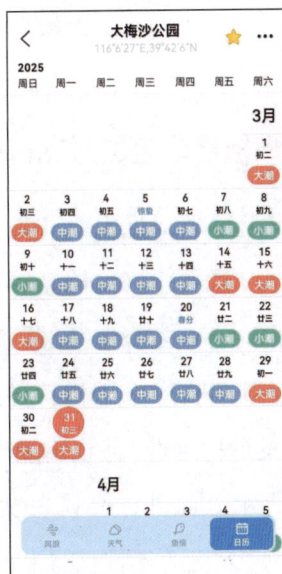

图 5-26　查看大梅沙公园的潮汐数据

## 5.3 高频炸机预警：机场与高楼密集区域的识别

在无人机飞行过程中，不慎将无人机飞入机场与高楼密集区域是导致飞行事故的常见因素。这不仅会影响无人机的飞行稳定性，还可能导致信号丢失、失控返航，甚至坠毁。因此，飞手必须明确哪些环境不适合飞行，并严格选择安全的飞行环境，以避免无人机因"丢星"（GNSS 信号丢失）或"炸机"（坠毁）等情况而损坏。

### 5.3.1 机场附近的飞行限制

如果用户不慎将无人机飞入载人飞机的飞行区域，将对航空安全构成严重威胁，危及载人飞机上乘客的安全。因此，无人机飞行时必须严格遵守禁飞规定，避免在机场及周边区域飞行。机场限飞区如图 5-27 所示。无人机在空中飞行时，应确保不会干扰航线上正常飞行的大型载人飞机，以免造成安全隐患。

图 5-27　机场限飞区

### 5.3.2 高楼密集区域对飞行的影响

在室外飞行时，无人机主要依靠 GNSS 进行卫星定位，并通过多种传感器辅助实现稳定飞行。然而，在高楼密集区域，玻璃幕墙会对无人机的信号接收产生干扰，导致 GNSS 信号弱化，影响飞行稳定性，甚至出现"丢星"现象，如图 5-28 所示。此外，高楼密集区域的 Wi-Fi

图 5-28　高楼密集区域

信号也会对无人机的遥控信号和图传信号造成干扰，进一步增加飞行风险。因此，建议用户选择开阔地带起飞，避免在高楼之间穿梭飞行，以确保飞行安全，减少信号干扰和失控风险。

# 第 2 篇

# 摄影实战技巧篇

# 第 **6** 章

## 掌握无人机摄影的航拍取景法

**学习提示**

　　航拍取景在专业摄影中被称为"构图",其定义为:在摄影创作中,摄影者通过技术、技巧和造型手段,在限定的平面空间内合理布局画面中的各个元素,将它们有机结合并有序组织,形成具有特定结构的完整画面。本章将重点介绍无人机航拍的构图技巧,助力摄影者拍摄出震撼人心的航空摄影作品。

## 6.1 构图取景，这 3 个角度很重要

在摄影创作中，无论是借助无人机的高空视角，还是传统相机的地面拍摄，不同的拍摄角度会对同一被摄体的呈现效果产生巨大影响。拍摄角度的选择不仅决定了画面的视觉构图和透视效果，还能通过独特的视角重新诠释被摄对象，赋予其全新的艺术表现力。

例如，平视角度能够营造出与被摄体平等的视角，增强画面的亲和力；仰视角度则可以通过夸张的透视效果突出主体的高大与威严；而俯视角度则能展现被摄体的全貌，带来宏观的视觉效果。本节将深入探讨这 3 种常用角度在构图取景中的应用技巧，帮助摄影师更好地利用角度变化捕捉更具冲击力和表现力的画面。

### 6.1.1 平视取景：展现画面的真实细节

在无人机航拍中，平视拍摄是一种重要的构图方式，其核心在于镜头与被摄物体处于同一水平高度，这种视角符合人的视觉习惯，能够真实、自然地呈现被摄物体的细节。例如，海岛度假航拍中，采用平视角度拍摄云层，如图 6-1 所示，可以使光线的纹理、轮廓和质感更加清晰地展

图 6-1　平视角度拍摄的云层

现出来，同时避免了因透视变形带来的视觉误差。这种拍摄方式不仅增强了画面的真实感，还让观众仿佛置身于现场，提升了作品的亲和力和艺术感染力。

### 6.1.2 仰视取景：强调高度和视觉透视感

在日常航拍中，当无人机镜头抬高拍摄时，这种视角被称为仰拍。仰拍角度的变化会直接影响画面的视觉效果，不同的仰角能够呈现出主体的不同气质。通过耐心尝试和多次拍摄，可以捕捉到更具创意的画面效果。仰拍能够赋予画面主体高耸、庄严、伟大的视觉感受，同时增强画面的透视感，营造出强烈的视觉冲击力。

例如，图 6-2 展示了使用无人机在筒子楼向上飞行时拍摄的天井效果，不仅突

图 6-2　仰拍视角的天井效果

出了筒子楼天井的幽深，还增强了画面的层次感和立体感，使观者感受到一种令人震撼的视觉效果。

### 6.1.3 俯视取景：体现纵深感和层次感

俯视拍摄是指摄影者选择高于被摄主体的位置进行拍摄，使被摄主体所在平面与镜头平面形成较大夹角。俯拍构图通常在较高位置进行，能够呈现广阔的视角，有效展现画面的透视感、纵深感和层次感，如图 6-3 所示。

图 6-3　俯拍视角的图片效果

俯拍适合记录宏大场景，突出其宏伟气势，同时通过明显的透视变化和丰富的层次感，增强画面的视觉冲击力。俯拍角度的变化会带来截然不同的视觉感受，由于相机位置远高于被摄体，被摄体处于镜头下方，画面的透视效果尤为显著。

## 6.2 掌握两个点，分清画面主次关系

无人机航拍构图与传统摄影构图在视觉语言和创作逻辑上一脉相承，均需遵循摄影构图的基本原则，如黄金分割、三分法、对称等。在构图中，主体、陪体和环境是画面的核心要素，它们相互作用，共同构建出完整且富有表现力的画面。正如人体的五官缺一不可，构图中的每个元素都不可或缺，否则画面会显得空洞或失衡。本节将重点介绍主体与陪体在画面中的构图技巧，探讨如何通过合理布局使主体突出且富有内涵，同时利用陪体深化主体的表达，增强画面的叙事性和艺术感染力。

### 6.2.1 主体突出：要强调的对象

在摄影构图中，主体是画面的核心焦点，通常为建筑、风景或其他被摄对象，是画面表达主题的关键元素，也是构图的视觉中心。主体承载着画面的核心内容和主题思想，而陪体则是与主体相互呼应、衬托主体的重要元素。背景位于主体之后，用于交代拍摄环境，为画面提供空间感和氛围。这三者相互关联、相辅相成，主体与陪体的有机组合能够强化画面的叙事性，背景则通过与主体的呼应，增强画面的整体感和深度。以下是几种关于主体构图的航拍技巧。

### 1. 直接突出主体

图 6-4 所示的航拍照片，无人机飞行高度较高，完整呈现了建筑的全貌。古建筑作为画面的主体，占据画面的中心位置。这种构图方式采用了中心主体法，通过将主体置于画面中心，直接突出主体，使观众能够迅速识别画面主体，避免了其他元素的干扰。这种简洁明了的航拍手法适合

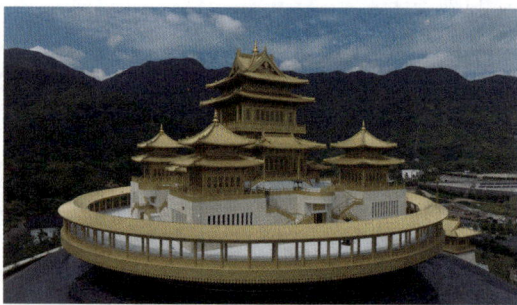

图 6-4　直接突出主体

初学者，能够快速掌握主体突出的构图技巧，同时为后期的复杂构图奠定基础。中心构图法具有强烈的对称性和平衡感，能够赋予画面一种稳定、庄严的视觉效果，特别适用于突出单一主体的场景。

**小贴士：**

航拍初学者往往容易陷入一个常见的误区，即试图在画面中纳入过多的元素，试图通过丰富的场景来展现拍摄内容。然而，这种做法往往会适得其反，导致画面显得杂乱无章，主体不突出，甚至淹没在繁杂的背景中。

相反，经验丰富的航拍摄影师通常会采用"减法构图"的理念，尽量减少画面中的干扰元素，将拍摄对象精简到最少。通过这种方式，主体能够更加突出，画面的焦点更加明确，从而增强视觉冲击力和艺术表现力。这种简洁的构图方式不仅能够引导观众的视线，还能让画面更加干净、清晰，避免因过多元素而导致的视觉疲劳。

### 2. 间接突出主体

间接突出主体的构图方式是通过环境元素的渲染和衬托来强化主体的表现力。主体并不需要占据画面的大部分面积，而是通过占据画面中的关键位置来吸引观众的注意力。例如，图 6-5 所示的画面中，主体是房屋，其在画面中所占比例较小，但通过周围绿色山林的衬托，主体的美感

图 6-5　间接突出主体

得以凸显。这种构图方式利用了环境元素的烘托作用，使主体与背景相互映衬，增强了画面的整体氛围和艺术表现力。

**小贴士：**

摄影构图与为人处世有相通之处。在表现主体时，可以直接突出主体的优势，如同直接赞美一个人的优点；也可以通过环境元素或陪体来间接衬托主体，类似于借助周围事物来烘托其优点，这种手法称为"间接衬托法"。

## 6.2.2　陪体辅助：让主体更加有美感

陪体在摄影构图中是用于突出和烘托主体的关键元素，类似于电影中的配角，起到"绿叶衬红花"的作用。它通过与主体的相互关系，丰富画面的层次感，增强主体的表现力和视觉冲击力，同时为画面赋予更丰富的叙事性和深度。图 6-6 所示的照片中主体是佛像，而周围的低层

图 6-6　陪体辅助航拍效果

建筑作为陪体，衬托出主体的高大与立体感，增强了画面的空间感，使整个画面更具吸引力，营造出如人间仙境般的美感。如果没有这片低层建筑的陪衬，画面将显得单调，失去层次感和吸引力。

## 6.3　画面元素，合理组合拍出精美大片

在武术中，马步是练习者必须掌握的基本功，而在摄影中，构图则是创作的核心基础。构图的内核在于对点、线、面这 3 种基本视觉元素的运用和组合。点可以作为画面的焦点，引导观众的视线；线可以构建画面的结构，增强视觉引导性；面则可以通过分割画面空间，营造层次感和深度。一张优秀的作品，往往通过巧妙安排点、线、面来实现视觉平衡和艺术表现，从而提升画面的整体美感和叙事性。

合理选择并组合这些元素，是创作高质量摄影作品的关键。无论是地面摄影还是航拍，掌握这些基础元素的运用，能够帮助摄影师更好地表达创意，捕捉更具视觉冲击力的画面。本节将重点讲解航拍摄影中的基础元素，帮助读者深入理解点、线、面在航拍中的应用，希望读者能够熟练掌握并灵活运用这些知识，提升自身的摄影水平。

## 6.3.1　点构图技巧：迅速定位视觉中心

在摄影构图中，点的位置是影响画面视觉效果和心理感受的关键因素。点可以是

画面中的一个独立元素，也可以是通过大小、颜色或形状的对比而突出的视觉焦点。当无人机在高处进行俯拍时，地面上的重复元素（如树木、建筑或自然景观）会形成多个小点，这种构图方式被称为多点构图。多点构图通过分散的点元素引导观众的视线，适用于拍摄多个主体，能够完整记录所有主体，使画面层次丰富且信息量大，同时增强画面的节奏感和整体性。

例如，图 6-7 展示了单点构图的航拍照片：在海面中，画面中心的雕像作为一个鲜明的点，通过与周围环境的强烈对比，成为画面的焦点，吸引观众的注意力。

图 6-8 则采用多点构图，照片中的风力发电机化作多个小点，以多点的形式呈现，引导观众快速识别主体，增强了画面的节奏感和整体性，使观众能够清晰地感受到画面的动态与活力。

图 6-7　单点构图的航拍照片

图 6-8　多点构图的航拍照片

### 6.3.2　线构图技巧：划分画面的结构

在无人机航拍中，线构图法是一种极具表现力的构图方式，涵盖了多种类型，包括斜线、对角线、透视线、有形线条和无形线条等。尽管这些构图方式在形式上各不相同，但它们都以线条作为核心原则，通过引导观众的视线来增强画面的动态感和深度感。有形线条（如物体的轮廓线、影调分界线等）是直观且可视化的，能够清晰地呈现物体的形态和结构，帮助观众快速理解画面的主体和空间关系。

例如，图 6-9 展示的海面航拍照片中，通过海水颜色对比，利用桥道分割画面，使主体更加突出，增强了画面的视觉焦点。这种通过线条和面的结合，巧妙地运用了线构图法中的有形线条，将海面的复杂表达转化为简洁而富有表现力的画面语言，展现了航拍的独特视角和艺术魅力。

图 6-9　线条构图的航拍照片

## 6.3.3　面构图技巧：构建均衡画面的要点

在无人机航拍中，面构图是一种利用地形、建筑、阴影或光线等元素，构建均衡画面的方式。掌握面构图技巧，可以使画面层次更丰富、视觉更有冲击力，同时增强影像的平衡感和美感。以下是构建均衡画面的几个关键要点。

### 1. 利用几何形状构建画面

无人机视角独特，善用地面上的道路、建筑、田野、水域等形态，可以形成规则的几何构图，如三角形、矩形或放射状结构等。

在拍摄城市建筑时，可利用高楼的平行线条来增强画面的秩序感，如图 6-10 所示。通过巧妙地捕捉建筑的垂直与水平线条，画面呈现出一种规整的美感。这种构图方式不仅能让建筑的宏伟气势得以展现，还能让观众感受到城市的秩序与节奏，仿佛置身于这座繁华都市之中，感受到其独特的魅力。

在拍摄自然景观中，如森林、沙漠，可以巧妙利用地形的对比和纹理，形成抽象感的面构图，如图 6-11 所示。西北大陆中的草地、远方起伏的雪山与远处的天空形成鲜明对比，沙丘的纹理如同细腻的波浪，勾勒出层次丰富的画面；森林里，树木的疏密与光影交错，营造出神秘而抽象的视觉效果。这种构图方式将自然的细节转化为艺术的表达，赋予画面独特的美感和意境。

图 6-10　城市建筑

图 6-11　自然景观

### 2. 颜色与光影的平衡

均衡的画面不仅靠线条和形状，色彩和光影同样重要。

色彩对比是一种极为有效的视觉表现手法，尤其是冷暖色的对比，能够极大地增强画面的层次感和视觉冲击力。例如，当蓝色的海面与金黄色的沙滩相遇时，这种冷暖色调的碰撞会产生一种强烈的视觉张力。蓝色属于冷色调，通常会给人以宁静、深邃、广阔的感觉，而金黄色则是典型的暖色调，代表着温暖、活力与希望。将这两种颜色放在一起，不仅能够突出海洋和沙滩的自然分界，还能让画面在色彩上形成一种动态的平衡，如图 6-12 所示。

在日出或日落时分，光线柔和且角度低，是利用无人机拍摄长阴影的绝佳时机。如图 6-13 所示，无人机从高空俯瞰，捕捉到地面上被拉长的阴影，它们如同细腻的线条，勾勒出大地的轮廓。这些长阴影与明亮的光线区域相互交织，强化了光影层次，使画面更具立体感和深度。这种独特的光影结构不仅丰富了画面的视觉效果，还为作品增添了一份宁静而神秘的氛围，仿佛时间在这一刻被定格。

图 6-12　海洋和沙滩

图 6-13　日落时分

### 3. 视觉重心与对称性

在画面构图中，视觉重心的确定至关重要。可以使用对称构图或引导线增强画面均衡。

湖泊倒影和建筑对称结构是营造和谐氛围的绝佳元素。湖泊的平静水面如同一面天然的镜子，将天空、山峦、树木等自然景观完美倒映其中，形成上下呼应的画面，带来宁静与平衡之感，如图 6-14 所示。而建筑的对称结构，如古典建筑的严谨布局、现代建筑的几何对称，展现出

图 6-14　湖泊倒影

一种秩序之美。两者结合，无论是自然与自然的呼应，还是自然与人造建筑的融合，都能营造出一种和谐、宁静且富有诗意的氛围，让观者感受到一种视觉与心灵的双重宁静。

### 4. 运用引导线延伸至画面中心

在摄影和绘画中，引导线是一种极为巧妙且有效的构图技巧。道路、河流、铁轨、海岸线等元素，如同画面中的"无形之手"，能够自然地引导观众的视线，使其沿着

这些线条的延伸方向深入画面，从而让画面更具吸引力和层次感。

例如，一条蜿蜒的河流可以将观众的
视线从画面的前景引向远方的山脉，或者
一条曲折的道路可以引导观众的目光深入
画面的中心，聚焦于某个特定的主体。这
种引导不仅增强了画面的层次感，还让观
众的视觉旅程更加丰富和有趣。通过巧妙
地运用引导线，创作者可以更好地控制画

图 6-15 引导线

面的节奏和重点，使作品更具叙事性和艺术感染力，如图 6-15 所示。

### 5. 适当留白增强平衡感

负空间（即画面中的留白）能有效提升画面整体感。在拍摄建筑群时，适当留白
是一种极具智慧的构图技巧。建筑本身往往具有丰富的细节和复杂的结构，如果画面
中建筑元素过于密集，很容易让人产生视觉上的压迫感和混乱感。

通过巧妙地留白，比如在画面中保留
一片天空、一片草地或者一片水面，可以
让画面"呼吸"更加顺畅。留白部分不仅
能够平衡画面的视觉重量，还能为建筑主
体提供一个简洁的背景，突出建筑的轮廓
和美感。同时，留白还能引发观众的想象，
让观众的思绪在画面之外延伸，从而赋予

图 6-16 有呼吸感的画面

作品更深远的意境和艺术感染力。有呼吸感的画面如图 6-16 所示。

# 第 7 章

## 熟练使用 DJI Fly App 航拍工具

**学习提示**

　　如果用户使用的是大疆系列无人机，需通过大疆指定的 App 进行操控。例如，DJI Mavic 3 系列无人机需使用 DJI Fly App 来实现飞行控制、参数设置等功能。本章将重点介绍 DJI Fly App 的使用技巧，包括安装与注册 App、设置曝光模式（如光圈优先、速度优先等）、设置照片尺寸与格式，以及设置全景拍摄模式等内容。这些技巧对提升航拍效果具有重要帮助。

# 7.1 安装与注册 DJI Fly App

DJI Mavic 3 系列无人机需配合 DJI Fly App，才能实现正常飞行控制与参数设置。本节将重点介绍 DJI Fly App 的安装及注册操作流程。

## 7.1.1 DJI Fly App 的下载与安装

用户可在手机应用商店中下载 DJI Fly App。以下将介绍该软件的下载与安装方法。

**步骤 01** 打开手机中的应用商店，找到界面顶部的搜索栏，如图 7-1 所示。输入"DJI Fly"，搜索结果将自动显示在下方，如图 7-2 所示。

图 7-1　应用商店

图 7-2　搜索"DJI Fly"

**步骤 02** 在应用商店中找到 DJI Fly App 后，点击该选项进入其详情页面，如图 7-3 所示。点击页面下方的"安装"按钮，开始下载并安装 DJI Fly App。安装过程中，界面下方会显示进度条，实时反馈安装进度，如图 7-4 所示。

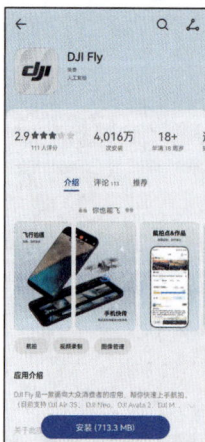

图 7-3　DJI Fly App 详情页面

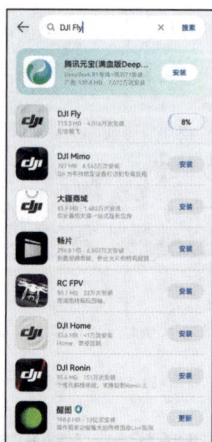

图 7-4　安装进度

**步骤 03** DJI Fly App 安装完成后，打开 App，进入 App 的启动视频界面，如图 7-5 所示。

图 7-5　启动界面

**步骤 04** DJI Fly App 执行资源初始化操作，界面显示"正在初始化资源，请稍候…"，如图 7-6 所示。随后弹出"用户协议"与"隐私通知"界面，点击下方的"同意"按钮，如图 7-7 所示。

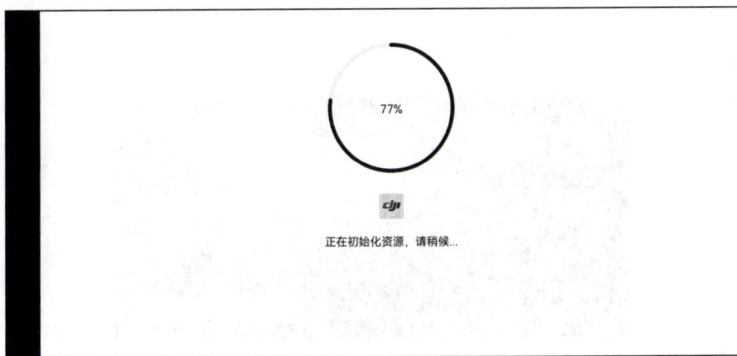

图 7-6　资源初始化

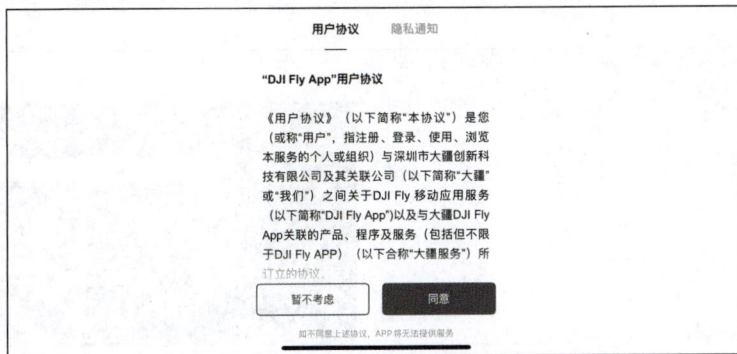

图 7-7　"用户协议"与"隐私通知"界面

**步骤 05** 进入"信息授权"界面，如图 7-8 所示。若用户选择仅开启某些授权，可点击下方的"仅授权开启项"选项。至此，DJI Fly App 的下载与安装完成。

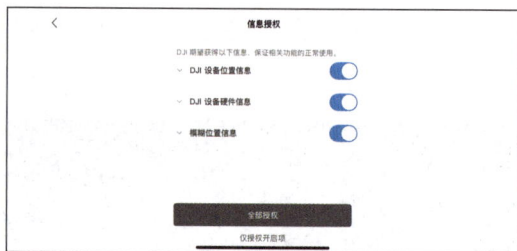

图 7-8　"信息授权"界面

## 7.1.2　DJI Fly App 的注册与登录

在手机中安装好 DJI Fly App 后，需完成注册并登录，以创建独立账号。该账号将显示用户名、作品数、粉丝数、关注数及收藏数等信息。DJI Fly App 不仅支持飞行器的实时控制和参数设置，还提供飞行记录、作品上传、社区互动等功能。以下是注册与登录 DJI Fly App 的操作步骤。

步骤 01 第一次打开 DJI Fly App 后，会进入教程界面，如图 7-9 所示，展示"飞行安全地图"。

图 7-9　DJI Fly App 教程界面

步骤 02 点击屏幕下方的"我的"按钮，进入"我的"界面，如图 7-10 所示。点击"点击登录"按钮，进入登录或注册界面，如图 7-11 所示。

图 7-10　"我的"界面

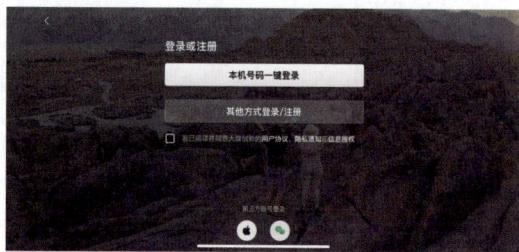

图 7-11　登录或注册界面

步骤 03 该 App 仅支持通过手机号码注册，如图 7-12 所示。在上方输入手机号码后，点击"获取验证码"按钮，系统会将验证码发送至该手机号码，用户需在左侧文本框中输入收到的验证码。

**步骤** `04` 完成账号信息填写后，首页界面如图 7-13 所示。

图 7-12　手机号码注册界面　　　　　　图 7-13　App 首页界面

**步骤** `05` 点击"连接引导"按钮，进入"选择一款飞机"界面，如图 7-14 所示。

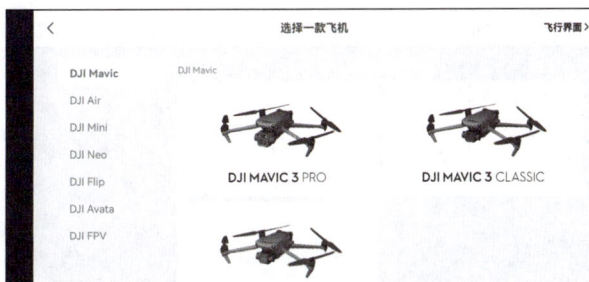

图 7-14　"选择一款飞机"界面

**步骤** `06` 进入"选择连接方式"界面，如图 7-15 所示，选择连接方式。进入连接流程，"开启遥控器"界面如图 7-16 所示。

图 7-15　"选择连接方式"界面

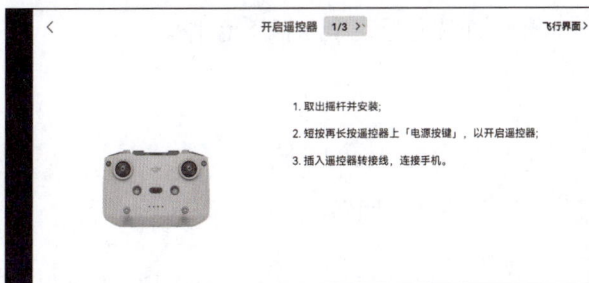

图 7-16　"开启遥控器"界面

若用户为无人机飞行资深用户且已注册 DJI Fly App，可直接通过账号密码登录。打开 DJI Fly App 工作界面，点击左下角的"登录"按钮，进入"登录"界面，输入注册时的手机号码及密码，点击"登录"按钮，完成登录。

## 7.2 熟知 DJI Fly App 界面元素

用户完成无人机与其手机的连接后，进入飞行界面。熟悉 DJI Fly App 飞行界面中的各按钮和图标功能，是精准掌握无人机飞行操作的基础。这些功能包括飞行姿态控制、云台调整、图传信号切换等，对于提升飞行安全性和拍摄效果至关重要。在 DJI Fly App 主界面点击"开始飞行"按钮，即可进入无人机的图传飞行界面，实时查看无人机的高清图传画面，如图 7-17 所示。

图 7-17　图传飞行界面

### 7.2.1　界面布局与功能介绍

接下来，我们将深入探讨 DJI Fly App 图传界面的布局与功能。图传界面是用户与无人机交互的核心区域，其精心设计的布局和丰富功能为飞行和拍摄提供了强大支持。从飞行状态监控到拍摄参数调整，从智能飞行辅助到素材管理与分享，每一个细节都旨在提升用户体验，确保飞行安全与高效创作。

#### 1. 左上角区域

在 DJI Fly App 的图传界面左上角区域，主要包含三个重要部分，分别是"返回"图标、"飞行模式"切换选项以及"飞行器状态指示栏"，如图 7-18 所示。这些功能模块为用户提供了便捷的操作入口和关键的飞行信息提示。

图 7-18　图传界面左上角区域

1）"返回"图标

点击"返回"图标，将返回DJI Fly App的主界面。

2）"飞行模式"切换选项

点击"飞行模式"切换选项，切换3种飞行模式：运动S模式、普通P模式和三脚架T模式。通过上下滑动屏幕，可完成相关设置。

3）"飞行器状态指示栏"

"飞行器状态指示栏"显示飞行器的飞行状态以及各种警示信息，如飞行器是否处于连接状态、是否出现异常等。异常状态时，点击"飞行器状态指示栏"可查看详细信息。

### 2. 右上角区域

在DJI Fly App图传界面的右上角区域，集中了6个关键功能模块，分别是"飞行器电量""图传信号强度""4G信号强度""视觉系统状态""GNSS信号强度"以及"系统

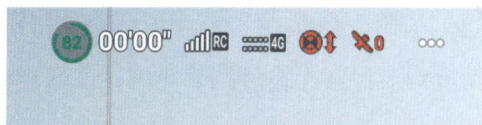

图7-19　图传界面右上角区域

设置"入口，如图7-19所示。这些部分为用户提供了飞行器的实时状态信息以及便捷的系统配置入口，帮助用户更好地掌控飞行过程。

1）飞行器电量

显示当前智能飞行电池电量百分比及剩余可飞行时间，让用户随时掌握飞行器的电量情况，以便及时安排返航等操作。

2）图传信号强度

显示当前飞行器与遥控器之间的图传信号强度，确保用户了解图传的稳定程度，避免因信号问题影响拍摄或飞行。

3）4G信号强度

显示当前4G信号强度，确保用户使用网络的稳定程度，避免因信号问题影响拍摄或飞行。

4）视觉系统状态

图标白色表示视觉系统工作正常，红色表示工作异常，此时飞行器可能无法躲避障碍物，提醒用户注意飞行安全。

5）GNSS信号强度

用于显示GNSS信号强弱。点击可查看具体GNSS信号强度。当图标显示为白色时，

表示 GNSS 信号良好，可刷新返航点。

6）系统设置

点击"…"图标可进入系统设置，包括安全、操控、拍摄、图传和关于页面等，用户可以在此进行各种个性化设置，如调整飞行参数、设置云台模式、更新固件等。

### 3. 右侧中间区域

在 DJI Fly App 图传界面的右侧中间区域，主要包含 4 个核心功能模块："拍摄模式""长焦相机""拍照 / 录影按键""回放按钮"，如图 7-20 所示。这些功能为用户提供了便捷的拍摄操作和素材管理方式。

1）拍摄模式

录像：普通、探索、夜景及慢动作。普通模式下支持变焦。探索模式可调节变焦，显示当前放大倍数，点击实现变焦。探索模式下，偏航杆对应的飞行器旋转角速度会随着变焦倍数的增大而减小，以获得更平滑的画面。

图 7-20　图传界面右侧中间区域

拍照：单拍、探索、连拍、AEB 连拍、定时拍。

大师镜头：智能匹配人像、近景或远景 3 种飞行轨迹。

一键短片：渐远、冲天、环绕、螺旋、彗星、小行星。

延时摄影：自由、环绕、定向、轨迹。

全景：球形、180°、广角、竖拍。

夜景模式可获得更好的降噪效果及更纯净的夜景画面，支持最高 ISO12800 的感光度选择。

**小贴士：**

- 夜景模式当前仅支持 4K 30fps 规格。
- 进入夜景模式后避障功能将关闭，应谨慎飞行。
- 飞行器触发返航或降落时将从夜景模式退出至拍照模式。
- 飞行器正在返航或降落时不能使用夜景模式。
- 夜景模式下不支持焦点跟随。

2）长焦相机

在拍照和录像模式下，点击"7"图标可切换至长焦相机。拍照模式下，包含单拍、

AEB连拍、连拍、定时等子模式，支持 JPEG、RAW 以及 J+R 格式，支持手动设定ISO 和快门速度。录像模式下，支持 4K25/30/50fps 和 1080p25/30/50fps 规格，支持手动设定 ISO 和快门速度。点击则切换为哈苏广角相机。长焦相机支持在 7 倍倍率下选择静态目标使用焦点跟随的聚焦和兴趣点环绕功能。

AF/MF：为对焦按钮，点击或长按图标可切换对焦方式并进行对焦。

3）拍照 / 录影按键

点击该按键可触发相机拍照或开始 / 停止录影，是拍摄操作的核心按钮。

4）回放按钮

点击该按钮查看已拍摄的视频及照片，方便用户随时查看拍摄效果，进行素材筛选或分享。

### 4. 右下角区域

在 DJI Fly App 图传界面的右下角区域，主要包含 3 个重要部分："存储信息栏""拍摄参数""相机挡位切换"，如图 7-21 所示。这些功能模块为用户提供了拍摄前的准备和参数调整的便捷操作。

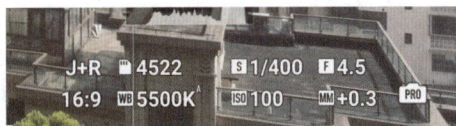

图 7-21　图传界面右下角区域

1）存储信息栏

显示当前 MicroSD 卡剩余可拍照数量或可录像时长，点击可查看 MicroSD 卡可用容量，方便用户合理安排拍摄内容。

2）拍摄参数

显示当前拍摄参数，如照片分辨率、视频帧率等。点击可进入设置，用户可根据拍摄需求调整相关参数。

3）相机挡位切换

相机模式下，支持切换 Auto 和 Pro 挡，不同挡位下可设置参数不同。

### 5. 左下角区域

在 DJI Fly App 图传界面的左下角区域，主要包含两个重要功能模块："地图切换图标"和"飞行状态参数显示"，如图 7-22 所示。

图 7-22　图传界面左下角区域

1）地图切换图标

点击该图标可快速切换至地图界面，用户

可以在地图上查看飞行器的位置、飞行轨迹等信息，也可进行返航点设置、航线规划等操作。

2）飞行状态参数显示

显示飞行器与返航点水平方向的距离、垂直方向的距离，以及飞行器在水平方向和垂直方向的飞行速度，让用户全面了解飞行器的实时位置和运动状态。

### 6. 左侧中间区域

在 DJI Fly App 图传界面的左侧中间区域，主要包含 3 个重要功能模块："航点飞行功能""智能跟随"和"自动起飞 / 降落 / 返航按钮"，如图 7-23 所示。

图 7-23　图传界面左侧中间区域

1）航点飞行功能

点击开启或者退出航点飞行功能。

2）智能跟随

大疆无人机的跟随功能主要基于视觉识别技术和 GNSS 定位。视觉识别技术通过无人机的摄像头对目标进行识别和跟踪，适用于复杂环境和快速移动的目标。而 GNSS 定位则通过卫星信号来确定目标的位置，适合在开阔地带使用。部分高端机型还结合了避障系统，以确保在跟踪过程中能够安全地避开障碍物。

3）自动起飞 / 降落 / 返航按钮

点击展开控制面板，长按可使飞行器自动起飞或降落，点击自动返航图标，飞行器将即刻自动返航降落并关闭电机，为用户提供了便捷的飞行操作和安全保障。

**小贴士：**

只要无人机的感知系统正常工作，其自动避障功能即可启用，能够实时监测飞行前方 30 米范围内的环境情况。若前方存在障碍物，无人机将自动调整飞行路径以避开障碍物。需要注意的是，只有具备感知系统的无人机才支持自动避障功能。

### 7.2.2　常用功能的操作技巧

DJI Fly App 作为大疆无人机的官方控制软件，为用户提供了直观便捷的操作界面。熟练掌握其常用功能，可以大幅提升飞行体验和拍摄质量。以下是几个核心功能的操作技巧。

## 1. 智能飞行模式的使用

DJI Fly App 提供多种智能飞行模式，帮助用户轻松获取专业级航拍画面。

焦点跟随（Focus Track）：适用于 DJI Air 3、DJI Mavic 3 等机型，选择目标后，无人机可自动跟踪并保持焦点，适合运动拍摄。

一键短片（Quick Shots）：包括"渐远""环绕""螺旋"等预设轨迹，适合拍摄创意视频。使用时，确保飞行环境开阔，避免障碍物影响。

智能返航（RTH）：点击"返航"按钮，无人机将自动返回起飞点。在操作前，务必设定返航高度，防止途中撞击障碍物。

## 2. 相机参数调整技巧

合理调整相机参数，可大幅提升航拍画质。

手动模式（M挡）：适用于 DJI Mini 4 Pro、DJI Mavic 3 Pro 等机型，可自定义快门速度、ISO 和白平衡。建议在光线较强时降低 ISO，避免噪点。

ND 滤镜搭配：在强光环境下（如沙漠或雪地），使用 ND16 或 ND32 滤镜，可降低曝光，让画面更具电影感。

4K 高帧率拍摄：对于动态画面（如海浪、车辆行驶），建议设置 4K 60fps，保证流畅性，同时适用于后期慢动作处理。

## 3. 地图与飞行状态监控

实时地图功能：点击屏幕左下角可切换地图，显示无人机当前位置、返航路线，适合远距离航拍。

飞行数据监测：在界面上方，可查看电池电量、信号强度、风速等，以确保安全飞行。如遇信号弱，建议降低飞行高度或更换飞行环境。

禁飞区提醒：DJI Fly App 会自动检测是否处于限飞区域，飞行前检查航拍区域的解禁情况，避免违规操作。

## 4. 云端同步与素材管理

自动同步航拍作品：开启 DJI Fly App 的云端同步功能，可将素材自动上传至 DJI 云端，便于备份与管理。

快速剪辑与导出：DJI Fly App 内置剪辑工具，可快速裁剪、加滤镜和配乐，适合社交媒体分享。

缓存清理：定期清理 DJI Fly App 缓存，避免 App 运行缓慢，影响实时预览流畅度。

## 7.3 想拍出专业的照片，先学这个

要从无人机航拍的初学者晋升为资深摄影师，用户不仅需要掌握 ISO、快门速度和光圈等基础摄影知识，还要熟悉无人机的 4 种曝光模式：自动模式、快门优先模式、光圈优先模式和手动模式。ISO 决定了相机感光度，快门速度控制曝光时间，光圈则影响景深和进光量。通过灵活运用这些参数和曝光模式，用户可以更好地应对不同拍摄场景，从而拍摄出更专业、更具艺术感的照片。

### 7.3.1 自动模式：自动调节拍摄参数

自动模式（AUTO），也称为程序自动模式，是由无人机系统根据拍摄环境自动调节拍摄参数。在此模式下，用户可以手动设置 ISO 数值，即感光度参数，从而在一定程度上控制画面的亮度和噪点表现。ISO 值越高，感光元件对光线越敏感，画面越亮，但噪点也会增加，影响画质。因此，在自动模式下，合理设置 ISO 参数对于获得高质量的航拍画面至关重要。

下面介绍如何在自动模式下设置照片 ISO 参数。

步骤 01 启动无人机和遥控器，进入 DJI Fly App 的飞行界面，如图 7-24 所示。

步骤 02 点击右下方摄影数据，进入 ISO、快门和光圈设置界面，如图 7-25 所示。

图 7-24　DJI Fly App 的飞行界面

图 7-25　ISO、快门和光圈设置界面

步骤 03 ISO 感光度以整数倍率排列，包括 100、200、400、800、1600、3200、6400 和 12800 等。相邻两挡感光度的光线敏感度相差一倍。在"自动"模式下，用户可通过滑动 ISO 下方的滑块来调整感光度参数，如图 7-26 所示。

图 7-26　ISO 感光度

**步骤 04** 在固定光圈和快门的情况下，不同 ISO 感光度对画面曝光的影响显著不同。图像采用低感光度拍摄，画面纯净度高，暗部无噪点，但整体偏暗，存在曝光不足的问题，如图 7-27 所示；图像采用高感光度拍摄，画面亮度显著提升，细节会有过曝的风险，如图 7-28 所示。选择合适的曝光度在拍摄时至关重要。

图 7-27　自动模式下低感光度　　　　图 7-28　自动模式下高感光度

## 7.3.2　快门优先模式：控制照片曝光时长

快门速度即曝光时间，指相机快门从开启到关闭的时长，是控制照片进光量的关键因素。它决定了光线进入传感器的时间长短。如果将相机曝光比作用水管向水缸注水，快门就相当于控制水龙头的开关——水龙头的开启时间决定了注水量，而快门的开启时间则决定了光线进入传感器的量。

在 DJI Fly App 界面中，快门速度通常以 1/100 秒、1/30 秒、5 秒、8 秒等形式表示。将拍摄模式调整至自动挡，通过滑动下方的快门参数条，可自由设置快门速度，如图 7-29 所示。

图 7-29　快门速度

"高速快门"是指采用较高的快门速度捕捉快速移动的物体，如汽车、飞机、飞鸟、宠物、烟花、水滴和海浪等。图 7-30 展示了使用高速快门拍摄的烟花效果，能够清晰定格烟花绽放的瞬间。

"慢速快门"与高速快门相对，是指采用低于 1/30 秒的快门速度进行曝光，其最长曝光时间可达 8 秒。图 7-31 展示了使用慢速快门拍摄的落日效果，通过长时间曝光，将车流的运动轨迹以光影线条的形式呈现。

图 7-30　高速快门拍摄的烟花效果

图 7-31　慢速快门拍摄的落日效果

### 7.3.3　光圈自动模式：合理控制进光量

光圈是控制镜头进光量的关键装置，其作用类似于人眼的瞳孔：在黑暗环境中，瞳孔放大以增加进光量；在强光下，瞳孔缩小以减少进光量。相机光圈的大小直接影响进光量：光圈越大，进光量越多；光圈越小，进光量越少。此外，光圈还控制景深：光圈值越大（光圈孔径越小），景深越深；光圈值越小（光圈孔径越大），景深越浅。当光圈全开时，合焦范围缩小，背景虚化效果显著，适合突出主体。

图 7-32　光圈大小

在 DJI Fly App 的光圈设置界面，选择光圈自动模式，通过滑动下方的光圈参数条，可自由设置光圈大小，如图 7-32 所示。

不同光圈值对画面曝光的影响清晰可见。光圈值较小时，进光量少，画面整体偏暗，如图 7-33 所示；光圈值较大时，进光量增加，画面亮度提升，如图 7-34 所示。

图 7-33　光圈值较小

图 7-34　光圈值较大

### 7.3.4　手动模式：自由设置参数，拍大片

在手动模式下，摄影师可自由调整照片的拍摄参数，包括 ISO 感光度、光圈和快

门速度，根据实际拍摄场景进行精准设置，如图 7-35 所示。M 挡因其高度的灵活性和控制性，成为专业摄影师的首选模式。

图 7-35 手动模式设置

## 7.4 航拍之前先设置，否则白拍

在使用无人机拍摄照片之前，设置照片的尺寸与格式至关重要，因为不同的尺寸和格式会影响照片的后期处理和使用场景。例如，JPEG 格式适合快速拍摄和存储，而 RAW 格式则保留了更多的图像细节，适合需要后期精细处理的场景。此外，无人机的不同拍摄模式（如单拍、连拍、HDR、AEB 连拍、定时拍摄、全景拍摄等）可以满足多样化的拍摄需求。

本节将详细介绍如何设置照片尺寸、格式以及选择合适的拍摄模式，以帮助用户根据实际需求优化拍摄效果。

### 7.4.1 拍摄尺寸与画幅比例的选择

在 DJI Fly App 的"调整"界面中，用户可选择两种照片比例：16∶9（宽屏）和4∶3（标准）。这两种比例分别适用于不同的拍摄需求和后期应用。用户可根据实际需求选择合适的照片比例，具体设置如下。

步骤 01 点击右下方画面比例，进入白平衡、照片格式、照片比例、照片分辨率和存储设置界面，如图 7-36 所示。

步骤 02 进入"照片比例"设置界面，选择所需的照片尺寸，将画面比例设置为4∶3，如图 7-37 所示。

图 7-36　照片设置界面

图 7-37　"照片比例"设置界面

## 7.4.2　存储格式对后期的影响

在 DJI Fly App 的相机调整界面中,可设置 3 种照片格式:第一种是 JPEG 格式,便于快速存储和分享;第二种是 RAW 格式,适合后期处理;第三种是 J+R 双格式,兼顾两者优势。如图 7-38 所示,用户可根据实际需求进行选择。

图 7-38　3 种照片格式

## 7.4.3　拍摄模式适用于不同场景

使用无人机拍摄时,共有 7 种照片拍摄模式可供选择,包括单拍、HDR、纯净夜拍、连拍、AEB 连拍、定时拍摄和全景拍摄。这些照片拍摄模式能够满足多样化的拍摄需求,是无人机摄影的基础功能,具有很强的实用性。以下将介绍设置照片拍摄模式的操作方法。

步骤 01 在飞行界面中,点击右侧的"调整"按钮,进入相机调整界面,点击"拍照模式"选项,如图 7-39 所示。

步骤 02 进入"拍照模式"界面,查看可使用的拍照模式,如图 7-40 所示。单拍用于拍摄单张照片;连拍用于连续拍摄多张照片。点击"连拍"选项。

图 7-39　"拍照模式"选项

图 7-40　选择"拍照模式"界面

**步骤 03** 在"连拍"模式下，提供 5 张或 7 张的拍摄选项，适合捕捉高速运动物体的瞬间，如图 7-41 所示。

**小贴士：**

在"连拍"模式下，用户可以根据拍摄需求选择"5"或"7"两种选项。选择"5"表示一次性拍摄 5 张照片，适合捕捉稍纵即逝的瞬间；选择"7"则表示一次性拍摄 7 张照片，适合记录高速运动场景。按下"拍照"按钮后，相机会快速连续拍摄指定数量的照片，便于后期从中挑选最佳画面。

**步骤 04** AEB 连拍（自动"包围"曝光）提供 3 张或 5 张的拍摄选项，相机以 0.7EV 的曝光补偿递增或递减，连续拍摄多张不同曝光的照片，适用于拍摄大光比的静止场景。定时拍摄则以预设的时间间隔连续拍摄多张照片，提供 9 种不同的时间间隔选项，适合拍摄延时摄影作品，如图 7-42 所示。

図 7-41　调整"连拍"模式

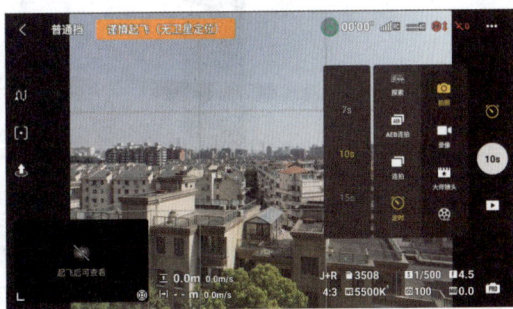

图 7-42　定时拍摄

## 7.5　全景摄影，大片应该这么拍

全景模式是一种高效的拍摄功能，可以让用户拍摄 4 种类型的全景照片：球形全景、180° 全景、广角全景和竖拍全景。本节将重点介绍这些全景照片的拍摄方法。

### 7.5.1　球形全景：自动拼接可动态查看

球形全景是指相机自动拍摄多张照片（如 25 张或 34 张）并进行自动拼接，形成一个覆盖 360° 水平和 180° 垂直视角的全景图像。拍摄完成后，用户查看照片时，可点击球形照片的任意位置，相机会自动缩放至该区域的局部细节，实现动态全景效果。图 7-43 为拍摄球形全景效果照片界面。

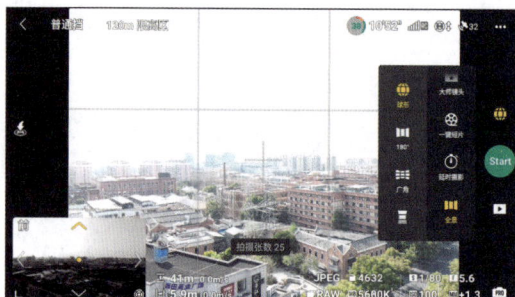

图 7-43　拍摄球形全景效果照片界面

## 7.5.2　180° 全景：全范围欣赏大片美景

180° 全景是指通过拼接 21 张照片，形成以地平线为中心的全景图像，天空和地面各占照片的一半。这种拍摄方式能够完整呈现水平方向的全景视野，图 7-44 为拍摄 180° 全景效果照片界面。

图 7-44　拍摄 180° 全景效果照片界面

## 7.5.3　广角全景：镜头更广眼界更宽阔

无人机的广角全景模式是指通过拼接 9 张照片，形成正方形尺寸的全景图像。该模式以地平线为中心进行拍摄，能够呈现更广阔的视野，适合风光摄影和建筑拍摄，图 7-45 为拍摄广角全景效果照片界面。

图 7-45　拍摄广角全景效果照片界面

## 7.5.4　竖拍全景：上下延伸体现画面纵深感

竖拍全景构图适用于以下两种场景：一是拍摄具有竖向狭长性或线条性的对象，如图 7-46 所示；二是展现天空纵深并包含合适的点睛对象，如图 7-47 所示。

图 7-46　竖向狭长性或线条性的对象　　　图 7-47　天空纵深并包含合适的点睛对象

竖拍全景通过拼接 3 张照片，以地平线为中心进行拍摄，能够为观众带来一种向上和向下的延伸感，将画面的上下元素紧密联系在一起，从而更好地表达画面主题。

# 第 *8* 章

## 起飞前的准备工作与首飞技巧

**学习提示**

在掌握一系列安全风险规避措施后，用户可进一步学习无人机飞行的基本技巧，包括拍摄前的规划、安全起飞流程、设备检查以及安全起飞与降落的方法。熟练掌握这些技能，将为后续学习复杂空中飞行动作奠定坚实基础。

## 8.1　熟记清单，否则浪费更多时间

在使用无人机拍摄风景或视频素材前，用户应制订详细的拍摄计划，明确拍摄目标与飞行路径。例如，需确定携带的拍摄器材、无人机的飞行轨迹以及拍摄内容。这些准备工作有助于提高飞行效率，确保拍摄目的明确且高效。

### 8.1.1　器材的准备清单

在航拍前，用户需充分准备相关器材，避免因器材缺失导致拍摄中断，进而造成人力、物力和财力的浪费。以下是器材准备清单：无人机、遥控器、一对备用螺旋桨、两块充满电的备用电池、一个充满电的充电宝、一个充电器（支持同时为无人机电池和遥控器充电）、一部备用智能手机、一张备用 SD 存储卡、镜头清洁工具（包括软毛镜头清洁刷、镜头清洁液、清洁布等），如图 8-1 所示。

图 8-1　器材准备清单

**小贴士：**

作为摄影爱好者，在外出拍摄时，可携带其他摄影设备，如单反相机、微单相机、三脚架以及智云稳定器等，以丰富拍摄手段并提升创作灵活性。

### 8.1.2　无人机的飞行清单

在使用无人机进行航拍前，用户需制定飞行前检查清单，即一系列飞行前的检查操作，以确保无人机的安全飞行。建议将以下内容拍照并保存在手机中，飞行时对照检查。

#### 1. 检查飞行环境

在正式起飞前，仔细检查飞行环境是确保无人机安全飞行的首要步骤。通过评估天气、禁飞区与限飞区、人群、起飞环境和障碍物等因素，可以有效规避潜在风险，为安全飞行奠定基础。

1）天气条件

确认天气是否适合航拍，包括天空是否晴朗、是否有云，风速是否适中。天气条

件直接影响飞行安全和拍摄效果，恶劣天气可能导致无人机失控或拍摄画面模糊。

2）禁飞区与限飞区

确保飞行区域不属于禁飞区或限飞区，避免误入导致无人机强制降落。禁飞区和限飞区通常包括机场、军事设施、国家公园等，进入这些区域可能会违反法律法规并危及飞行安全。

3）人群与建筑

飞行区域应远离人群密集区、建筑物及政府大楼。无人机飞行时可能会对人群造成危险，同时建筑物的信号干扰也可能影响无人机的飞行状态。

4）起飞环境

起飞地点应无铁栏杆、信号塔等干扰源，避免电磁干扰。电磁干扰可能导致无人机信号丢失或失控，影响飞行安全。

5）障碍物检查

起飞上空无电线、建筑物、树木或其他遮挡物。障碍物可能会干扰无人机的飞行路径，甚至导致碰撞事故。

### 2. 检查设备状态

设备状态的检查是飞行前的关键环节。对无人机机身、螺旋桨、电池、遥控器、存储卡等部件进行全面检查，能够确保设备处于最佳状态，避免因设备故障导致的飞行事故。

1）机身检查

检查机身是否存在裂纹或损伤。机身的完整性对飞行安全至关重要，任何损伤都可能影响飞行性能。

2）螺旋桨检查

检查螺旋桨是否牢固拧紧。螺旋桨的松动可能导致飞行不稳定甚至坠机，务必确保其安装牢固。

3）电池检查

检查电池是否安装稳固且电量充足，备用电池是否已放入背包。电量不足是导致飞行事故的常见原因之一，务必确保电池电量充足。

4）遥控器与手机检查

检查遥控器和手机是否已充满电。遥控器和手机是控制无人机的关键设备，电量不足可能导致信号丢失。

**5）SD 存储卡检查**

检查 SD 存储卡是否已安装在无人机上，卡内是否有足够存储空间，备用 SD 卡是否携带。存储卡的容量直接影响拍摄内容的保存，务必确保其容量充足。

**6）充电宝携带**

根据拍摄内容的时长和数量，判断是否需要携带充电宝。长时间拍摄或多次飞行时，充电宝是必不可少的设备。

### 3. 飞行前注意事项

在完成环境和设备检查后，还需注意一些飞行前的细节操作。正确的开机顺序、设备连接、校准以及起飞准备等事项，将直接影响飞行的顺利进行和拍摄效果。

**1）起飞准备**

将无人机置于干净、平整的地面进行起飞。不平整的地面可能导致起飞时的不稳定，影响飞行安全。

**2）相机检查**

拆卸相机保护罩，确保镜头清洁无瑕。镜头的清洁度直接影响拍摄效果，务必确保其无污渍和灰尘。

**3）开机顺序**

先开启遥控器，再启动无人机。正确的开机顺序能够确保设备之间的正常连接和通信。

**4）连接检查**

确保遥控器与手机正确连接。连接失败可能导致控制信号丢失，影响飞行操作。

**5）校准设备**

校准指南针信号及惯性测量单元（IMU）。校准能够确保无人机的定位和飞行姿态准确无误。

**6）GNSS 信号**

等待 GNSS 锁定信号。GNSS 信号的稳定是飞行安全的关键，务必确保其锁定。

**7）LED 显示屏检查**

检查 LED 显示屏是否正常工作。LED 显示屏能够实时显示飞行状态和设备信息，务必确保其正常工作。

**8）App 检查**

检查 DJI Fly App 是否启动正常，图传画面是否清晰稳定。App 是控制无人机的核心工具，务必确保其正常运行。

9）起飞确认

若一切正常，即可开始起飞。在起飞前务必再次确认所有设备和环境状态，以确保飞行安全。

## 8.1.3 素材的拍摄清单

素材拍摄清单类似于影视制作中的拍摄计划表，是航拍任务的详细规划。它帮助摄影师明确拍摄目标，避免无人机升空后因缺乏明确计划而浪费时间和资源。以下是相关的素材拍摄清单内容。

### 1. 确定拍摄目标

（1）拍摄对象：明确拍摄的主要对象是什么，例如风景、建筑、人物、活动等。

（2）拍摄方向：确定拍摄的方向和角度，例如正面、侧面、俯瞰、仰拍等，以突出拍摄对象的特点和美感。

### 2. 确定拍摄时间

（1）时间选择：根据拍摄目标和内容，选择合适的拍摄时间。早晨和黄昏的光线柔和，适合拍摄温暖色调的照片；中午光线强烈，适合拍摄高对比度的建筑或风景；晚上则适合拍摄夜景和灯光效果。

（2）天气条件：结合天气情况，选择晴朗、多云或阴天等不同天气条件下的拍摄时间，以获得理想的光线和氛围。

### 3. 确定拍摄内容

（1）内容类型：决定是拍摄照片、视频还是延时视频。照片适合捕捉瞬间画面，视频适合记录动态过程，延时视频则适合展示长时间的变化。

（2）主题明确：根据拍摄目标，确定拍摄内容的主题，例如自然风光、城市景观、人文活动等。

### 4. 确定拍摄数量

（1）照片数量：根据拍摄目标和内容，计划拍摄多少张照片。例如，拍摄风景时可能需要多张照片进行全景拼接，拍摄人物时则可能需要几张高质量的照片。

（2）视频时长：确定视频的拍摄时长，例如拍摄活动时可能需要较长时间的视频，而拍摄短片则可能需要控制在几分钟内。

（3）备份计划：考虑拍摄数量时，建议多准备一些余量，以应对拍摄过程中可能出现的问题或意外情况。

### 5. 确定拍摄参数

（1）照片像素：根据拍摄需求和存储空间，选择合适的照片像素。高像素适合打印大尺寸照片，低像素则适合快速存储和分享。

（2）视频分辨率：选择视频的分辨率，如 4K、2.7K 或 1080p 等。高分辨率适合高质量的视频制作，低分辨率则适合快速传输和分享。

（3）帧率和 ISO：根据拍摄环境和内容，调整视频的帧率（如 24fps、30fps、60fps）和 ISO 值，以获得最佳画质。

### 6. 确定拍摄模式

（1）单拍模式：适合拍摄静态画面，捕捉瞬间的精彩瞬间。

（2）连拍模式：适合拍摄快速运动的对象，如动物、体育赛事等，通过连续拍摄多张照片，选择最佳画面。

（3）夜景拍摄模式：在光线较暗的环境中，使用夜景模式可以提高照片的亮度和清晰度。

（4）全景拍摄模式：适合拍摄广阔的风景，通过拼接多张照片获得全景效果。

（5）竖幅拍摄模式：适合拍摄高耸的建筑或垂直方向的景观，获得独特的视觉效果。

（6）延时拍摄模式：适合拍摄长时间的变化过程，如日出日落、云卷云舒等，通过后期处理生成延时视频。

通过提前规划拍摄目标、时间、内容、数量、参数和模式，能够帮助摄影师更高效地完成拍摄任务，获得理想的航拍作品。

## 8.1.4　夜晚的拍摄，需要白天踩点

若用户计划夜间飞行无人机，白天务必提前进行实地勘察（踩点），以确保飞行安全。夜间飞行时，由于光线不足，视线受阻，难以看清天空中的障碍物，如电线、高大建筑等。而白天的勘察可以清晰掌握飞行区域的环境信息，帮助用户规划飞行路线，为无人机创造安全的飞行条件。此外，夜间飞行时可利用无人机的红外夜视功能，提高可视距离和清晰度。

### 1. 白天勘察的重要性

白天的实地勘察是夜间飞行安全的关键步骤。在白天，用户可以清晰地观察飞行

区域的地形、地貌和周边环境，包括建筑物、树木、电线以及其他可能的障碍物。通过勘察，用户可以了解以下几点情况。

（1）评估飞行区域的安全性，确定是否有禁飞区、限飞区或其他限制条件。

（2）规划飞行路线，根据飞行区域的环境，规划出安全的起飞、飞行和降落路线。

（3）标记关键位置，记录重要的地标和障碍物位置，以便在夜间飞行时参考。

（4）检查起飞点，确保起飞点平整、无障碍物，且远离人群和建筑物。

### 2. 夜间飞行的注意事项

夜间飞行环境复杂，光线不足，视线受阻，因此，需要特别注意以下几点。

（1）使用红外夜视功能，许多高端无人机配备了红外夜视功能，可以在夜间提供更远的可视距离和更清晰的图像，帮助用户更好地识别障碍物。

（2）开启避障系统，确保无人机的避障系统处于开启状态，以自动检测并避开障碍物。

（3）降低飞行速度，夜间飞行时，建议降低飞行速度，以便有更多时间反应和调整飞行方向。

（4）保持与无人机的视觉接触，尽管有夜视功能，但保持与无人机的视觉接触仍然是重要的。如果条件允许，使用外部照明设备辅助观察。

（5）注意电量管理，夜间飞行时，由于视线不佳，可能会增加飞行时间，因此，要确保电池电量充足。

### 3. 额外的安全措施

夜间飞行还需要注意以下额外的安全措施。

（1）除了无人机和遥控器，还应携带备用电池、手电筒、反光背心等夜间飞行所需的设备。

（2）夜间飞行可能受到更严格的法规限制，务必提前了解并遵守当地的飞行规定。

（3）在夜间飞行前，通知家人或朋友飞行计划，包括飞行时间和预计返回时间，以便在紧急情况下能够及时获得帮助。

总而言之，通过白天的详细勘察和夜间飞行时的谨慎操作，用户可以有效降低夜间飞行的风险，以确保飞行安全。

## 8.2　起飞步骤是安全起飞的前提

在飞行无人机之前，用户需准备好遥控器、操作杆和无人机，校准IMU（惯性测量单元)和指南针以确保飞行姿态和方向的准确性。选择开阔、平坦、无遮挡物的起飞场地,远离人群和强磁场区域。先开启遥控器,再启动无人机,确保两者连接正常,并检查飞行模式及返航高度等参数设置是否合理。完成这些步骤后,可确保无人机安全起飞,避免因设备或环境问题导致的飞行事故。

## 8.2.1　准备好遥控器和操作杆

在无人机飞行之前,首先要准备好遥控器,并按照以下顺序进行操作。

**步骤 01** 从背包中取出遥控器,如图 8-2 所示。

**步骤 02** 将遥控器翻转,可以看到藏在背部的两个操作杆,如图 8-3 所示。

图 8-2　取出遥控器　　　　　图 8-3　遥控器背部的两个操作杆

**步骤 03** 从遥控器左侧取出操作杆,通过顺时针旋转将其拧紧并固定,确保操作杆在飞行过程中不会松动。相同操作安装右侧操作杆,安装完毕后,如图 8-4 所示。

**步骤 04** 按照正确方法展开遥控器天线,确保两根天线保持平衡,如图 8-5 所示。

图 8-4　操作杆安装完毕　　　　　图 8-5　展开遥控器天线

**步骤 05** 开启遥控器,连接无人机后,即可开始飞行。

**小贴士：**

如果是全新的无人机，用户首次使用 DJI Fly App 时，需要进行激活操作后才能正常使用。

## 8.2.2　准备好无人机，拨开螺旋桨

在完成遥控器的准备工作后，接下来需要对无人机进行准备。请按照以下步骤依次展开无人机的机臂，并安装好螺旋桨和电池，确保无人机处于最佳飞行状态。具体步骤如下。

**步骤 01** 从背包中取出无人机，并将其平稳地放置在平整的地面上，如图 8-6 所示。

**步骤 02** 取下云台相机的保护罩。在保护罩底端的小卡口处轻轻按压，即可将其卸下，如图 8-7 所示。

图 8-6　平整摆放的无人机

图 8-7　取下云台相机的保护罩

**步骤 03** 轻柔展开无人机的前臂，避免用力过猛导致损坏，如图 8-8 所示。

**步骤 04** 以相同方法展开无人机的后方机臂，如图 8-9 所示。

图 8-8　展开无人机的前臂

图 8-9　展开无人机的后方机臂

**步骤 05** 检查无人机是否有异常，如无异常，即可准备起飞，如图 8-10 所示。

图 8-10　检查无人机

小贴士：

在无人机操作中，短按一次电源键可以快速查看电池的剩余电量，这对于评估飞行时间和准备情况至关重要。当需要关闭无人机时，应先短按电源键以确认当前状态，随后长按电源键 3 秒，松手后无人机将安全关闭。这一过程确保了无人机在关闭时不会因意外断电而损坏内部配件，同时也为下一次飞行做好了准备。

## 8.2.3　校准无人机 IMU 与指南针是否正常

每次飞行前，必须校准 IMU（惯性测量单元）和指南针，以确保罗盘的准确性。这一步尤其重要，尤其是在新的飞行地点，校准指南针是保障飞行安全的关键。校准 IMU 时，需将无人机放置在水平干燥的位置，按照 DJI Fly App 的提示，依次调整无人机的不同姿态完成校准。

以下为校准 IMU 和指南针的操作步骤。

步骤 01 开启遥控器并打开 DJI Fly App 进入飞行界面后，若 IMU（惯性测量单元）和指南针未正常运行，状态栏将显示相关提示信息，如图 8-11 所示。

步骤 02 点击状态栏中的提示，进入"安全"界面。点击指南针右侧的"校准"按钮，如图 8-12 所示。

步骤 03 弹出信息提示框后，点击"开始"按钮，如图 8-13 所示。

步骤 04 进入指南针校准模式，根据界面提示，水平旋转无人机 360°，如图 8-14 所示。

图 8-11 状态栏异常提醒

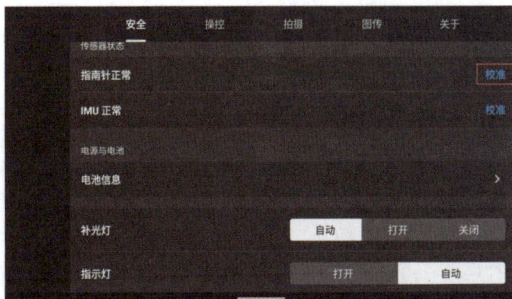

图 8-12 点击"校准"按钮

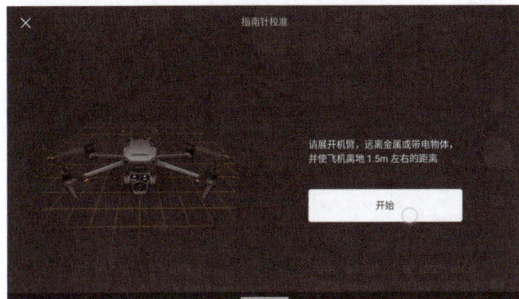

图 8-13 点击"开始"按钮

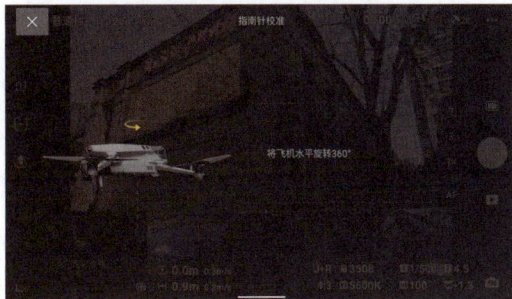

图 8-14 水平旋转无人机 360°

**步骤 05** 完成水平旋转后，界面提示用户继续进行垂直旋转无人机 360°，如图 8-15 所示。

**步骤 06** 用户按照界面提示完成操作后，手机屏幕上会弹出提示框，显示指南针校准成功，如图 8-16 所示。

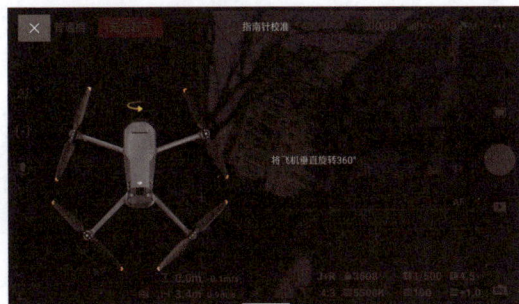

图 8-15 垂直旋转无人机 360°

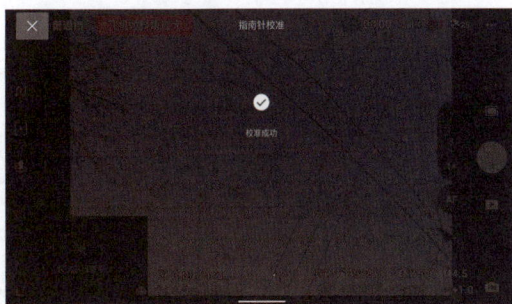

图 8-16 校准成功

**步骤 07** 完成指南针校准后，返回"飞行器状态列表"界面，此时"指南针"选项右侧显示"校准"，IMU 状态也显示为"校准"，如图 8-17 所示。

在校准无人机指南针时，如果用户按照界面提示完成水平和垂直方向的 360° 旋转后，手机屏幕仍弹出"校准失败"的提示信息，这表明用户所在位置的磁场过强，对无人机的指南针产生了严重干扰，如图 8-18 所示。此时，应携带无人机远离当前区域，寻找无干扰的开阔环境重新进行指南针校准。

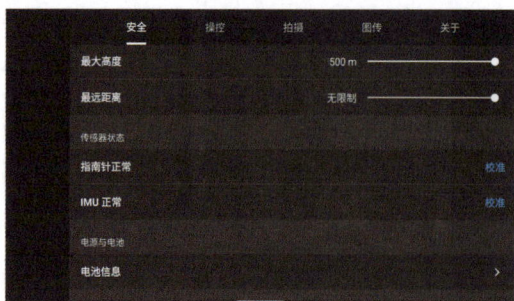

图 8-17　"飞行器状态列表"界面

图 8-18　"校准失败"的提示信息

**小贴士：**

当 DJI Fly App 状态栏显示"指南针异常……"时，无人机上的指示灯将亮起黄灯并持续闪烁。校准指南针后，黄灯将变为绿灯，表示指南针状态恢复正常。

## 8.3　检查设备，确保无人机状况正常

在飞行无人机之前，用户需对设备进行全面检查，确保各项功能正常运行。首先，SD 卡是否有足够的存储空间，以避免因存储不足导致拍摄中断或数据丢失。其次，检查无人机机身是否有裂纹、变形或其他损伤，以确保结构完整性和飞行稳定性。此外，还需检查无人机与遥控器的电量是否充足，以避免因电量不足导致飞行中断或失控。通过这些检查，可以有效降低飞行风险，确保无人机的安全飞行和正常使用。

### 8.3.1　检查 SD 卡是否有空间或者已放入无人机

检查无人机的 SD 卡，确保 SD 卡存储空间充足，防止因存储空间不足而出现拍摄中断或数据丢失的情况，如果 SD 卡存储空间不足，则会显示"SD 卡不可用"提示信息，如图 8-19 所示。

图 8-19　"SD 卡不可用"提示信息

## 8.3.2 检查无人机机身是否正常

在无人机起飞前，对机身进行全面检查是确保飞行安全的关键步骤。以下是详细的检查流程。

### 1. 外观检查

仔细检查无人机机身外壳是否有裂纹、凹陷或变形，这些损伤可能影响机身的结构强度和飞行稳定性。同时，检查各部件之间的连接是否牢固，包括机臂、云台、相机等，确保所有螺丝和紧固件都已拧紧。此外，清除机身表面的灰尘和污垢，检查金属部件是否有腐蚀迹象，防止因腐蚀导致部件强度下降。

### 2. 机械部件检查

检查螺旋桨是否有裂纹、缺口或变形，确保螺旋桨安装方向正确且牢固拧紧。反向安装或损坏的螺旋桨可能导致飞行不稳定甚至失控。同时，手动转动电机轴，检查电机是否顺畅转动，无卡滞现象，并确保电机与电调的3根连接线（无刷电机）插接牢固且绝缘完好，避免松动或短路。有刷电机需检查两根电极线连接。

**小贴士：**

部分用户在放飞无人机后才发现未拆除云台保护罩，这会对云台搭载的航拍相机造成磨损。无人机通电后，云台相机会自动执行镜头旋转与自检程序，若保护罩未拆除，镜头将无法正常旋转自检，进而影响相机的正常使用并可能造成损伤。

## 8.3.3 检查无人机与遥控器的电量是否充足

在航拍作业前，务必提前检查无人机的电池、遥控器电池以及手机的电量是否充足，确保其处于满电状态。一旦到达拍摄现场才发现电量不足，寻找充电设备会极为不便，严重影响拍摄计划。无人机的电池容量有限，一块满格的电池通常仅能支持约30分钟的飞行。如果电量仅剩一半，还需预留25%的电量用于安全返航，实际可拍摄的时间将大幅减少。

当历经数小时车程抵达理想的航拍景点，却发现无人机未充电，这无疑是令人沮丧的。因此，建议有车的用户在车内常备车载充电器，如图8-20所示。这样即使电池电量耗尽，也能在

图8-20 车载充电器

行驶过程中为设备充电，有效解决充电难题。大疆原装车载充电器价格约为300元，而普通品牌的车载充电器价格仅需几十元，性价比极高。

**小贴士：**

如果在购置无人机时选购了全能配件包，其中通常会附带车载充电器，无须额外单独购买。

对于安卓系统的手机，在与遥控器连接时，遥控器会自动为手机充电。此时，若手机电量不足，遥控器的电量消耗会显著加快，因为它需要同时完成为手机充电、传输图传信号以及控制无人机飞行的任务。一旦遥控器电量耗尽，无人机在空中将面临失控风险。因此，建议用户在飞行前确保手机电量充足，以保障飞行安全。

## 8.4 起飞与降落，这些方法要记住

无人机在起降阶段是事故高发环节，这一阶段涉及多种操作流程和飞行模式，稍有不慎就容易出现"炸机"（坠毁或失控）等意外。因此，操作者必须熟练掌握无人机的起降操作技能，这包括手动起降和自动起降两种模式。在手动起降模式下，操作者需要精准控制油门、副翼、升降舵和方向舵等飞行参数；而在自动起降模式下，无人机依靠飞控系统（飞行控制系统）和GNSS自动完成起降任务。无论是手动还是自动起降，都需要操作者提前检查设备状态，以确保飞行安全。

### 8.4.1 手动起飞，飞行高度可以自由控制

在完成遥控器与无人机的准备工作后，接下来操作者需要学习如何手动起飞无人机。手动起飞是无人机操作中的基础技能之一，其操作流程相对简单，但需要严格按照步骤进行，以确保飞行安全。

以下是无人机手动起飞的操作方法。

**步骤 01** 在手机中启动 DJI Fly App，进入应用启动界面，如图8-21所示。

**步骤 02** 进入 DJI Fly App 飞行界面，完成指南针校准后，即可进入无人机待飞状态，可随时起飞，如图8-22所示。

图 8-21　DJI Fly App 启动界面

图 8-22　无人机待飞状态

**步骤 03** 通过拨动操作杆的方向来启动电机。将两个操作杆同时向内或向外掰动，如图 8-23 所示，即可激活电机，此时螺旋桨将启动并开始旋转。

图 8-23　同时掰动操作杆

**步骤 04** 启动无人机起飞程序，缓慢上推左摇杆(油门杆)，如图 8-24 所示，无人机将平稳起飞并逐渐上升。当停止上推摇杆时，无人机将进入悬停状态。按照此操作，可实现无人机的正确且安全起飞。

图 8-24　缓慢上推左摇杆

## 8.4.2　手动降落，遇到障碍物可及时避开

完成飞行任务后，操作者需进行无人机的降落操作。此时，缓慢下推左摇杆（油门杆），如图 8-25 所示，无人机将平稳下降并缓慢降落。

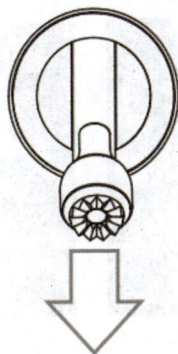

图 8-25　缓慢下推左摇杆

无人机降落至地面后，可通过两种方式停止电机运转：第一种方法是将左摇杆（油门杆）推至最低位置并保持 3 秒，电机将停止；第二种方法是同时掰动操作杆，将两

个操作杆同时向内或向外掰动，如图 8-26 所示，电机也会随之停止。

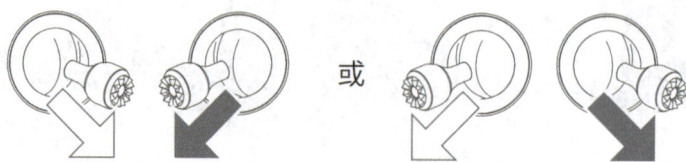

图 8-26 同时掰动操作杆

**小贴士：**

在无人机下降过程中，操作者必须全程监控其飞行状态，以确保无人机安全降落在平坦且无障碍物的区域。这意味着降落地点应避免人群、树木和杂物等潜在干扰，尤其要防止儿童靠近，以确保安全。

在遥控器的操作上，启动电机和停止电机的动作是相同的，操作者需熟悉这一点，以便在必要时迅速做出反应。通过这种方式，可以有效降低事故发生的风险，以确保无人机的安全降落。

## 8.4.3 自动起飞，一键操作

使用"自动起飞"功能可以实现无人机的一键起飞操作，极大地简化了起飞流程，既方便又快捷。以下是无人机自动起飞的操作步骤。

**步骤 01** 将无人机放置于水平地面，依次打开遥控器和无人机电源。待左上角状态栏显示"起飞准备完毕（GNSS）"后，点击左侧"自动起飞"按钮，如图 8-27 所示。

**步骤 02** 此时，无人机将自动起飞。当无人机上升至 1.2 米高度时，会自动停止上升。用户需轻推左摇杆（油门杆），使无人机继续上升。如图 8-28 所示。

图 8-27 点击"自动起飞"按钮

图 8-28 起飞无人机

## 8.4.4 自动降落，机器会自动关闭避障功能

使用"自动降落"功能可实现无人机的自动着陆，操作更为便捷。但在降落过程中，

用户需确保降落地面无任何障碍物，因为自动降落模式下，无人机的避障功能将被关闭，无法自动识别障碍物。以下是自动降落无人机的操作步骤。

**步骤 01** 当需要降落无人机时，点击左侧的"自动降落"按钮，如图8-29所示。

**步骤 02** 在弹出的菜单中点击"降落"按钮，如图8-30所示。此时无人机进入自动降落程序，界面提示"飞行器正在降落，视觉避障关闭"，用户需确保降落地点无遮挡物及人员，直至无人机平稳着陆于水平地面，完成自动降落操作。

图8-29 点击"自动降落"按钮

图8-30 点击"降落"按钮

## 8.4.5 自动返航，使无人机自动返回预设的返航点

当无人机飞行距离较远时，可启用"自动返航"功能使其自动返回预设的返航点，此操作的优势在于无须手动操控摇杆，操作简便。但需注意，用户应提前更新返航点位置，以确保无人机能够准确返回指定地点，避免因返航点设置错误导致无人机偏离目标区域。

下面将详细讲解使用"自动返航"功能的操作步骤。

**步骤 01** 当无人机处于悬停状态时，点击左侧的"自动返航"按钮，如图8-31所示。

**步骤 02** 操作后，在系统弹出提示框内点击"返航"按钮，如图8-32所示。操作后，界面左上角显示"正在自动返航"的提示信息。稍候片刻，无人机将完成自动返航操作。

图8-31 点击"自动返航"按钮

图8-32 点击"返航"按钮

# 第 *9* 章

## 熟练飞行动作 助力空中摄影

**学习提示**

　　用户要全面掌握无人机的使用，必须从基础飞行动作入手进行训练，这是保障飞行安全的关键。本章首先介绍6组基础飞行动作，包括向上飞行、向下降落、向前飞行、向后飞行、向左飞行和向右飞行；接着介绍6组常用飞行动作，涵盖原地转圈飞行、圆环飞行、方形飞行、8字飞行、飞进飞出飞行和向上并向前飞行；最后介绍3组高级飞行动作。希望用户能够熟练掌握这些飞行动作的要领。

## 9.1　6组基础飞行动作，适合新手

在执行复杂航拍任务之前，操作者必须先熟练掌握基础飞行动作。这是因为所有复杂的飞行轨迹和拍摄动作，本质上都是由一系列基础飞行动作组合而成的。基础动作包括但不限于向上飞行、向下降落、水平平移（前、后、左、右飞行）以及简单的悬停操作。

这些基础动作是无人机飞行控制的基石，只有通过反复练习，将它们熟练掌握到肌肉记忆的程度，操作者才能在复杂环境中精准操控无人机，实现流畅的飞行和稳定的拍摄效果。

### 9.1.1　向上飞行：掌握垂直升降的技巧

向上飞行是指无人机在开启后执行垂直上升动作。在进行任何航拍工作之前，必须先将无人机上升至合适的高度，以便进入航拍作业区域并确保飞行安全。向上飞行是基础飞行动作之一，通常通过操作遥控器的左摇杆（油门杆）来实现，油门杆控制螺旋桨的转速，从而调节无人机的上升速度。

下面将详细介绍向上飞行的操作步骤。

步骤 01 启动无人机后，缓慢上推左摇杆（油门杆），如图 9-1 所示。

步骤 02 无人机将执行垂直上升动作，推杆幅度需较小且动作要缓慢，使无人机平稳上升至空中，避免在地面附近低空盘旋，此时拍摄效果如图 9-2 所示。

图 9-1　缓慢上推左摇杆

步骤 03 当无人机上升至预定高度后，松开左摇杆，使其自动回正。此时无人机的飞行高度和姿态保持不变，进入悬停状态，此时拍摄效果如图 9-3 所示。

图 9-2　无人机平稳上升至空中

图 9-3　无人机进入悬停状态

**小贴士：**

在无人机上升过程中，操作者必须确保无人机始终处于视距内运行（VLOS）范围内，即保持直接目视视觉接触。同时，严格控制飞行高度不超过125米，以避免超出目视范围。一旦超过此高度，无人机将进入超视距运行（BVLOS）状态，此时无人机可能因超出目视范围而难以被肉眼识别，从而显著增加飞行风险。

## 9.1.2　向下降落：平稳降落的方法

当无人机飞至高空并到达预定高度后，即可开始进行下降操作的练习。在这一过程中，操作者需精准控制油门杆，使无人机以平稳的速度下降，同时保持飞行姿态的稳定，避免因下降速度过快或姿态不稳导致的飞行风险。

以下是向下降落的具体操作步骤。

**步骤 01** 手持遥控器，缓慢下推左摇杆（油门杆），如图9-4所示，以降低无人机的螺旋桨转速，从而实现平稳下降。

**步骤 02** 执行操作后，无人机将开始向下降落，在下降过程中，操作者需保持下降速度缓慢且均匀，避免过快下降导致的气流扰动影响无人机的飞行稳定性。

图 9-4　缓慢下推左摇杆

**小贴士：**

在无人机下降过程中，若用户发现理想的拍摄场景，可暂时停止下降操作。此时，通过按下遥控器上的"对焦/拍照"按钮，可以对目标进行精准对焦并拍摄静态照片；若需要记录动态画面，可按下"录影"按钮启动视频录制功能。完成拍摄后，继续下降操作，需缓慢下推左摇杆，以平稳控制无人机的下降速度，确保飞行过程的稳定性和安全性。

## 9.1.3　向前飞行：直线飞行的控制技巧

向前飞行是指操控无人机沿其正前方方向进行水平直线飞行。这一操作通过推动遥控器的右摇杆（横滚杆、副翼杆）向前来实现，使无人机在保持当前高度和姿态的情况下，沿着预定的航向向前移动。向前飞行是基础的航拍操作之一，常用于探索前方场景、接近目标拍摄对象或进行简单的平移拍摄。

以下是向前飞行的具体操作步骤。

**步骤 01** 先调整云台相机的俯仰角度，使镜头对准目标拍摄方向。然后缓慢上推右摇杆（横滚杆、副翼杆），如图9-5所示，使无人机沿水平方向向前飞行。

**步骤 02** 执行上述操作后，无人机将沿预定航向向前飞行，此时，无人机的飞行速度和方向由遥控器右摇杆（横滚杆、副翼杆）的推杆幅度和方向控制，确保飞行平稳且精准，如图9-6和图9-7所示。

图9-5　缓慢上推右摇杆

图9-6　无人机起飞后

图9-7　无人机向前飞行

### 9.1.4　向后飞行：倒车飞行的操作方法

如果用户需要拍摄"后退镜头"，可以通过操控无人机缓慢向后飞行来实现。这种拍摄方式常用于营造距离感或展示场景的全貌，用户操作时需将遥控器的右摇杆（横滚杆、副翼杆）向下推动，使无人机沿水平方向平稳后退，同时保持飞行高度和云台相机的俯仰角度不变，以确保拍摄画面的稳定性和连贯性。

以下是向后飞行的具体操作步骤。

**步骤 01** 在进行拍摄前，需先调整云台相机的俯仰角度，确保镜头对准目标拍摄方向。随后，缓慢下推右摇杆（横滚杆、副翼杆），如图9-8所示，使无人机沿水平方向平稳向后飞行。

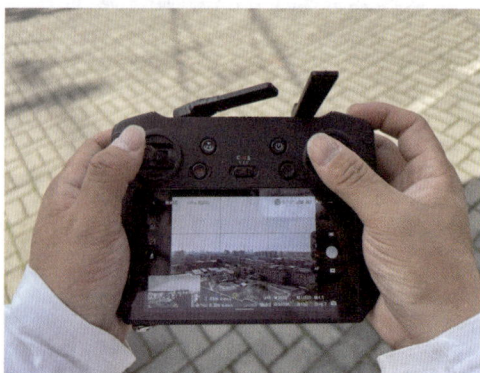

图9-8　缓慢下推右摇杆

**步骤 02** 执行操作后，无人机将沿水平方向向后倒退飞行，随着无人机逐渐靠近用户，其在视觉上的尺寸会显得更大。这种视觉效果是由于距离的缩短导致视角增大，使得无人机在视野中所占的比例增加。

**小贴士：**

在无人机向后倒退飞行的过程中，操作者必须高度关注无人机后方的飞行环境，确保后方没有障碍物或潜在的危险对象。由于无人机在倒退飞行时，其后方情况难以通过直接视觉观察，操作者只能依靠目视观测来监控飞行环境。因此，建议在飞行前对周围环境进行全面评估，避免在复杂环境中进行倒退飞行，以防止因"空中停车"或"丢星"等情况导致无人机失控。

## 9.1.5 向左飞行：侧飞的控制要点

向左飞行是指操控无人机沿其左侧方向进行水平直线飞行。这一操作通过推动遥控器右摇杆（横滚杆、副翼杆）向左来实现，使无人机在保持当前高度和姿态的情况下，沿预定航向向左移动。这种飞行方式常用于调整拍摄角度或避开右侧障碍物，是基础航拍操作之一。

以下是向左飞行的具体操作步骤。

**步骤 01** 调整云台相机的俯仰角度，确保镜头对准目标方向，随后缓慢向左推动右摇杆（横滚杆、副翼杆），如图9-9所示，使无人机沿水平方向向左飞行。

**步骤 02** 执行操作后，无人机将沿水平方向向左飞行，如图9-10和图9-11所示。

图9-9 缓慢向左推动右摇杆

图9-10 无人机起飞后

图9-11 无人机向左飞行

### 9.1.6　向右飞行：侧飞的进阶技巧

向右飞行是指通过操控无人机使其沿机身右侧方向进行水平移动，这一操作方向与向左飞行完全相反。在实际飞行中，向右飞行通常通过推动遥控器右摇杆（横滚杆、副翼杆）向右来实现，使无人机在保持当前高度和姿态的情况下，沿水平方向平稳向右移动。这种操作常用于调整拍摄角度或避开左侧障碍物，是基础航拍操作之一。

以下是向右飞行的具体操作步骤。

步骤 01 调整云台相机俯仰角度后，缓慢向右推动右摇杆（横滚杆、副翼杆），如图9-12所示，使无人机沿水平方向向右飞行。

步骤 02 完成操作后，无人机将沿水平方向向右飞行。

图 9-12　缓慢向右推动右摇杆

## 9.2　6 组常用飞行动作，可灵活控制

在完成基础飞行动作的训练后，接下来将学习更具挑战性的常用飞行动作。这些动作能够帮助用户更精准地操控无人机飞行，提升无人机飞行灵活性和拍摄效果。

### 9.2.1　原地转圈飞行：旋转拍摄的技巧

原地转圈飞行，也称为"360°旋转"，是一种常见的无人机飞行动作，指无人机在空中围绕自身轴线进行360°的原地旋转。这种操作可以帮助飞手在高空快速查看四周的景色，选择最佳拍摄方向或目标地点，同时也可以用于进行360°全景拍摄。360°旋转操作通常通过遥控器的左摇杆（方向舵、方向杆）来控制，操作时需保持无人机悬停稳定，然后缓慢推动方向舵进行旋转。

以下是具体操作步骤。

步骤 01 当无人机处于高空悬停状态时，缓慢向左推动左摇杆（方向舵、方向杆），如图9-13所示。

图 9-13　缓慢向左推动左摇杆

**步骤 02** 无人机将开始顺时针(从左向右)进行360°旋转,如图9-14和图9-15所示。

图9-14　顺时针360°旋转(一)

图9-15　顺时针360°旋转(二)

**步骤 03** 缓慢向右推动左摇杆(方向舵、方向杆),如图9-16所示。

图9-16　缓慢向右推动左摇杆

**步骤 04** 无人机将开始逆时针(从右向左)进行360°旋转,如图9-17和图9-18所示。

图9-17　逆时针360°旋转(一)

图9-18　逆时针360°旋转(二)

## 9.2.2　圆环飞行:环绕拍摄的方法

圆环飞行拍摄是指无人机围绕目标物体进行360°环绕飞行并拍摄,与原地360°旋转拍摄不同。原地旋转拍摄是无人机在原地旋转360°,而圆环飞行则需要无人机在移动中完成360°环绕拍摄,操作难度相对较高。

图9-19以左侧建筑为焦点,操控无人机围绕建筑进行360°环绕飞行拍摄。

圆环飞行的具体操作步骤如下。

图 9-19 360° 环绕飞行

**步骤 01** 将无人机上升至预定高度，调整相机镜头朝向正前方。

**步骤 02** 用右手轻推右摇杆（横滚杆）向上，使无人机缓慢向前飞行；同时，左手轻推左摇杆（方向舵）向左，使无人机沿左旋方向进行圆周飞行。推杆幅度和力度需适中，以控制圆周轨迹的大小和飞行速度。

**步骤 03** 若需无人机沿右旋方向进行 360° 圆环飞行，可在向前飞行的同时，将左手摇杆向右拨动，使无人机沿右旋方向画圆飞行。

**小贴士：**

无人机中有一种智能飞行模式，名为"兴趣点环绕"（Point of Interest，POI）模式。该模式与本例中的圆环飞行类似，都是围绕某一目标物体进行 360° 旋转拍摄，但两者在镜头拍摄角度上有所不同。具体细节将在下一章中详细介绍。

## 9.2.3 方形飞行：多角度拍摄的技巧

方形飞行是指操控无人机沿预设的方形轨迹飞行。在方形飞行练习中，保持相机镜头朝向和无人机姿态不变，仅通过右摇杆的上下左右操作来调整飞行方向。

方形飞行的具体操作步骤如下。

**步骤 01** 向左拨动右摇杆，使无人机向左飞行。

**步骤 02** 向上拨动右摇杆，使无人机向前飞行。

**步骤 03** 向右拨动右摇杆，使无人机向右飞行。

**步骤 04** 向下拨动右摇杆，使无人机向后飞行，最终悬停于起飞点。

拍摄效果如图 9-20 至图 9-23 所示。

图 9-20　拍摄效果（一）

图 9-21　拍摄效果（二）

图 9-22　拍摄效果（三）

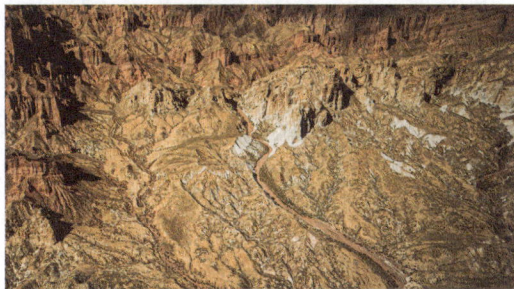

图 9-23　拍摄效果（四）

**小贴士：**

　　方形飞行动作实际上是将9.1节中介绍的6组基础入门飞行动作进行综合运用，是一次性完成向上、向下、向左、向右、向前、向后的飞行操作。

## 9.2.4　"8"字飞行：复杂轨迹的飞行控制

　　"8"字飞行是一种较为复杂的飞行动作，适合在用户熟练掌握基础飞行动作后进行练习。该动作需要同时运用左右摇杆的多项功能，要求左右手高度配合。左摇杆用于控制无人机的航向，即相机的朝向；右摇杆则用于控制无人机的飞行方向。飞行路径呈"8"字形。

　　"8"字飞行的具体操作步骤如下。

　　**步骤 01** 按照9.2.2节圆环飞行的方法，顺时针完成一个圆圈飞行。

　　**步骤 02** 顺时针飞行结束后，迅速调整方向，通过左摇杆向左或向右拨动，以逆时针方向完成另一个圆圈飞行。

　　用户需反复练习这些飞行动作，直至能够熟练运用双手操作摇杆，流畅完成各种飞行动作。

小贴士：

若用户已熟练掌握前面介绍的 9 组飞行动作，"8"字飞行将变得较为简单。只要无人机的响应足够敏捷，就能轻松画出"8"字轨迹。成功完成飞行后，用户将因为又掌握了一种高难度的飞行技巧，而获得强烈的成就感和心理愉悦感。

## 9.2.5　飞进飞出飞行：穿越拍摄的技巧

在前 4 个小节中，我们通过分别对左右摇杆进行单独训练，帮助用户逐步熟悉并掌握基础的飞行操作技能，为后续的复杂飞行任务奠定了坚实基础。从本小节起，我们将进入左右摇杆协同操作的训练阶段，通过综合运用两个摇杆的功能，帮助用户快速找到精准控制双摇杆的"手感"，从而更高效地掌握复杂飞行动作的操控技巧，提升无人机飞行的灵活性与精准度。

以下介绍"飞进飞出"飞行拍摄技巧。该技巧指操控无人机向前飞行一段距离后，通过左或右方向舵旋转 180°，再沿原路径返回。熟练掌握此技巧有助于用户提升双手协同操作无人机的能力。

首先，将无人机飞行至用户正前方并上升至一定高度，确保相机镜头朝向正前方，随后开始练习。具体操作步骤如下。

步骤 01　右手向上拨动右摇杆（横滚杆），使无人机向前飞行。

步骤 02　保持右手向上拨动右摇杆的动作不变，缓慢向前飞行的同时，左手向左拨动左摇杆（方向舵），使无人机向左旋转 180°。

步骤 03　旋转完成后，松开左手摇杆；继续使用右手向上拨动右摇杆，使无人机向前飞行，即迎面返回。

步骤 04　当无人机飞回初始位置后，再次使用左手向左或向右拨动左摇杆，使无人机向左或向右旋转 180°。完成上述 4 个步骤后，即可完成"飞进飞出"飞行练习操作。

## 9.2.6　向上并向前飞行：爬升与前进的结合

为了实现无人机"向上并向前飞行"的动作，用户需要同时操作左右摇杆，通过协同控制实现无人机的上升和前进。这种操作需要精准的双手配合，以确保飞行的稳定性和连贯性。

向上并向前飞行的具体操作步骤如下。

步骤 **01** 启动无人机后，缓慢上推左摇杆，无人机将垂直上升；同时，缓慢上推右摇杆，无人机将向前飞行。

步骤 **02** 完成上述操作后，无人机将垂直上升与水平前进。复合飞行效果如图9-24和图9-25所示。

图9-24　复合飞行开始前　　　　　　　　图9-25　复合飞行开始后

# 9.3　3组高级飞行动作，航拍大片

在大型电视剧或电影的开场部分，常采用航拍镜头来展现宏大场景。例如，镜头从一处穿越到另一处、从画面一端飞越到另一端，或者从一座房屋顶上穿过树枝飞到另一座房屋顶上等。这些复杂的航拍镜头属于高级飞行动作，涉及多种专业航拍运镜技巧，如"环绕飞行"（俗称"刷锅"）、"飞越飞行"等。本节将向用户详细介绍3组高级飞行动作，帮助用户掌握如何通过精准的飞行动作和镜头控制，实现这些富有视觉冲击力的航拍效果。

## 9.3.1　展现镜头飞行：动态展现的飞行技巧

在大型电视剧或电影的开场部分，常采用"渐进式航拍"镜头来展现宏大场景。这种镜头通过无人机向前飞行，逐渐揭示画面中的内容，营造出一种"柳暗花明又一村"的视觉效果。例如，镜头最初对准一座山，随后逐渐向前推进，展现出山后隐藏的美丽小村庄，村庄后面是一座大型赛马场，赛马场后面是一片清澈的圣湖。这种拍摄方式不仅增加了画面的层次感，还提升了观众的视觉期待，常用于展现复杂且丰富的场景。

渐进式航拍方式通过逐步推进的镜头语言，将观众的视线从一个场景引导到下一个场景，营造出一种探索和发现的氛围，如图9-26和图9-27所示。

图 9-26　渐进式航拍（一）

图 9-27　渐进式航拍（二）

逐渐展现镜头的拍摄方法较为简单，具体操作步骤如下。

**步骤 01** 右手缓慢上推右摇杆（横滚杆），使无人机向前飞行，飞行速度需保持缓慢。

**步骤 02** 同时，左手缓慢拨动"云台俯仰"拨轮，将镜头向上倾斜，逐步展现前方目标对象。

若需拍摄倒退的展现镜头，操作则相反：右手缓慢下推右摇杆，使无人机向后倒退，同时缓慢拨动"云台俯仰"拨轮，将镜头向下倾斜，以展现目标对象。效果如图 9-28 和图 9-29 所示。

图 9-28　倒退镜头效果（一）

图 9-29　倒退镜头效果（二）

## 9.3.2　飞行穿越拍摄：穿越障碍物的飞行方法

飞行穿越拍摄的难度较高，因为在穿越过程中，操作者的视线会受到一定阻碍，但拍摄出的作品效果通常非常出色。例如，穿越山洞拍摄背后的风景，如果操作者是飞行高手且穿越速度足够快，还能为观众带来强烈的视觉刺激。

无人机穿越长桥后拍摄出城市的效果，如图 9-30 和图 9-31 所示。在拍摄此类画面时，由于视线受阻，用户容易紧张，建议控制飞行速度，保持平稳，以降低拍摄风险。后期可通过视频剪辑软件加快视频播放速度，从而增强视觉冲击力。

图 9-30 飞行穿越前

图 9-31 飞行穿越后

### 9.3.3 移动目标拍摄：追踪拍摄的高级技巧

移动目标拍摄是一种高难度的航拍手法，指无人机跟踪特定目标进行拍摄，常见于跟拍汽车或游船等移动物体。这种拍摄手法在电影和电视剧中屡见不鲜。在实施移动目标拍摄时，需注意与目标保持安全距离，避免因操作失误导致坠机风险，切勿对人物进行跟拍，以防"炸机"造成人身伤害。

图 9-32 和图 9-33 展示了无人机对热气球进行移动跟拍的效果。

图 9-32 移动跟拍效果（一）

图 9-33 移动跟拍效果（二）

# 第 **10** 章

## 智能飞行拍出精彩的视觉大片

**学习提示**

　　在第 9 章中，我们为读者系统地介绍了无人机从基础入门到复杂高级的多种空中飞行动作，涵盖了向上飞行、向下下降、水平平移、旋转等操作，内容全面且深入，旨在帮助用户掌握扎实的飞行技能。本章则重点聚焦于无人机的智能飞行模式，这些模式通过预设的飞行程序和自动控制功能，能够显著提升用户在飞行过程中的操作效率，节省时间和精力，从而快速实现理想的航拍效果。这些智能飞行模式不仅简化了操作流程，还能够帮助用户在复杂环境中更安全、更精准地完成拍摄任务。

## 10.1 "一键短片"模式，自动生成10秒小视频

"一键短片"模式包含多种拍摄方式，依次为渐远、冲天、环绕、螺旋、彗星、小行星以及滑动变焦等。在该模式下，无人机将根据用户选择的拍摄方式，持续拍摄特定时长的视频，并自动生成一个 10 秒以内的短视频。这些模式通过预设的飞行程序和自动控制功能，能够显著提升用户在飞行过程中的操作效率，节省时间和精力，从而快速实现理想的航拍效果。

### 10.1.1 "一键短片"模式

在 DJI Fly App 的飞行界面中，点击左侧的"智能模式"按钮，进入智能飞行功能界面。在弹出的界面中,点击"一键短片"按钮,界面右侧会出现"一键短片"分类，如图 10-1 所示。

图 10-1　"一键短片"分类界面

#### 1. 渐远

无人机在锁定拍摄目标后，会一边向后飞行一边上升，镜头始终对准主体，使画面逐渐展现主体与周围环境的对比关系。该模式类似于电影中常见的"拉远镜头"，能够营造出开阔、深远的视觉效果，如图 10-2 所示。

图 10-2　"渐远"模式

1）参数设置

飞行距离：默认 20～40 米（可在 App 内调整）。

飞行高度：随距离增加而上升，保持主体始终在画面中心。

飞行速度：匀速或可调（部分机型支持变速）。

2）适用场景

人物开场（如站在山顶、海边等场景）；展示建筑、地标与周围环境的融合；旅行 VLOG 的远景过渡镜头。

**小贴士：**

> 在无人机"渐远"拍摄时，需确保背景开阔，避免无人机后退撞到障碍物。主体要保持清晰，移动速度不宜过快，以免跟踪失败。建议选择光线柔和、无复杂障碍物的环境拍摄，同时注意调整飞行速度和拍摄角度，确保画面稳定、主体突出。

### 2. 冲天

无人机从低空垂直上升，镜头俯视向下，主体在画面中逐渐缩小，而背景则如"爆炸"般展开，形成极具冲击力的视觉效果。该模式类似于火箭升空的视角，适合展现宏大场景，如图 10-3 所示。

图 10-3　"冲天"模式

1）参数设置

上升高度：默认 10～40 米（可手动调整）。

上升速度：部分机型支持变速（如先慢后快等）。

镜头角度：可调整俯仰角度，增强画面张力。

2）适用场景

从地面快速拉升，展现城市天际线或自然景观；拍摄人群、车辆等动态场景，增强视觉冲击力；配合音乐高潮部分，制造震撼转场效果。

**小贴士：**

在进行无人机拍摄时，确保上方无遮挡是至关重要的。树木、电线或其他高大物体可能会干扰无人机的飞行路径，甚至导致碰撞事故，损坏设备。因此，在起飞前，务必仔细检查周围环境，确保无人机的飞行路线畅通无阻。

同时，良好的GNSS信号是保障无人机稳定飞行的关键。在GNSS信号弱的环境中，无人机可能会出现漂移现象，难以按照预设轨迹飞行，甚至可能失控。因此，建议在开阔地带使用无人机，避免在高楼大厦、山谷或密集树林等信号干扰较大的区域操作。只有在信号良好的环境下，无人机才能精准定位，按照指令平稳飞行，确保拍摄任务的顺利完成。

### 3. 环绕

无人机以拍摄目标为中心，自动进行360°环绕飞行，同时保持主体始终位于画面中央。该模式能够全方位展示被摄物体，适用于人物、建筑、车辆等场景，如图10-4所示。

图10-4 "环绕"模式

1）参数设置

环绕半径：3～30米（可调，半径越小主体越突出）。

飞行方向：顺时针或逆时针（可切换）。

飞行高度：与主体平视或轻微俯仰（增强层次感）。

2）适用场景

拍摄人物特写,增强立体感;展示地标建筑、雕塑等360°全景;运动场景(如滑雪、骑行等),增强动态效果。

**小贴士:**

在使用"环绕"拍摄模式时,框选的目标对象需要具备一定的纹理特征,以便无人机的视觉系统能够进行准确识别和跟踪。如果框选的目标对象是天空或一片绿草地等缺乏明显纹理的区域,无人机将难以进行有效的目标测量和跟踪。因此,建议选择具有明确纹理和形状的目标,如建筑物、地标或人物等,以确保无人机能够稳定地围绕目标进行360°旋转拍摄。

### 4. 螺旋

无人机在环绕主体的同时,逐渐拉远或上升,形成螺旋轨迹,使画面呈现动态收缩或扩张的效果。该模式比普通环绕更具视觉冲击力,适合创意视频的开场或结尾,如图10-5所示。

图10-5　"螺旋"模式

1）参数设置

初始半径:5米(默认)。

最大半径:30米(可调)。

高度变化:同步上升或下降(增强空间感)。

2）适用场景

音乐MV或短视频的炫酷转场;展现自然风光(如湖泊、山脉等)的壮丽全景;配合慢动作,增强电影感。

无人机在环绕主体拍摄时，需要较大的飞行空间，以避免在螺旋环绕过程中撞到障碍物。因此，务必确保周围环境开阔，特别是上方无树木、电线等遮挡物，以免干扰无人机的飞行轨迹或导致设备损坏。同时，建议在光线充足的环境下进行拍摄，这样可以确保画面清晰、细节丰富，避免因光线不足导致画面模糊或噪点过多。此外，良好的光线条件还能增强画面的立体感和层次感，使主体更加突出，背景更加鲜明。在拍摄前，还需检查无人机电量及设备状态，确保一切正常，以便顺利完成环绕拍摄任务。

### 5. 彗星

无人机将围绕目标飞行一圈，先逐渐上升到最远端，再逐渐下降返回起点。该模式强调速度感和动感，适合拍摄运动场景，如图10-6所示。

图10-6 "彗星"模式

1）参数设置

飞行速度：较快（模拟彗星冲刺效果）。

飞行路径：直线或轻微弧线（可调整）。

2）适用场景

拍摄跑步、骑行、滑板等运动场景；车辆行驶时的跟拍镜头；配合快节奏音乐，增强视觉冲击力。

小贴士：

在无人机的"彗星"模式下，主体需要保持高速移动，因为这种模式的核心在于通过快速后退和上升来捕捉主体动态，若主体移动过慢，画面效果将大打折扣，难以呈现出"彗星"般的动感轨迹。同时，确保飞行路径上无障碍物至关重要。

在高速飞行过程中，任何障碍物都可能导致无人机碰撞，不仅会损坏设备，还可能使拍摄任务失败。因此，在使用"彗星"模式前，务必仔细检查飞行环境，避开树木、电线、建筑物等潜在障碍物，选择开阔地带进行拍摄。

### 6. 小行星

无人机先垂直上升至高空，拍摄全景画面后，通过算法将画面压缩成"迷你星球"特效，使地面景物呈现球形扭曲效果，极具创意，如图10-7所示。

图10-7　"小行星"模式

1）参数设置

上升高度：至少100米（需开阔环境）。

后期处理：依赖 DJI Fly App 自动合成。

2）适用场景

城市全景的趣味展示；自然风光（如沙漠、雪原等）的创意视角；社交媒体吸睛特效。

**小贴士：**

在无人机的"小行星"模式下，需在空旷区域飞行，确保周围无障碍物，避免无人机在拍摄过程中因避让障碍物而偏离预设轨迹，影响拍摄效果甚至导致飞行事故。此外，该模式对信号稳定性要求较高，建议在 GNSS 信号良好的环境下使用，避免信号干扰导致飞行失控或拍摄中断。拍摄时，无人机需要环绕主体飞行并拍摄多张照片，之后自动合成全景效果，合成过程可能需要几秒钟，请耐心等待，不要在合成过程中干扰无人机，以确保最终效果的完整性。

## 10.1.2　创意短片的拍摄技巧

在智能飞行的时代，无人机不仅仅是航拍工具，更是开启创意短片拍摄新时代的钥匙。通过巧妙运用无人机技术与拍摄技巧，用户能够以前所未有的视角捕捉世界的美丽，创作出令人震撼的视觉大片。以下是一些关键的创意短片的拍摄技巧，帮助用户在空中绘出独一无二的影像画卷。

### 1. 规划故事

任何一部成功的创意短片都始于一个引人入胜的故事。在开始拍摄之前，明确你想要讲述的故事或表达的情感，这将指导你的拍摄地点选择、镜头语言运用以及后期编辑方向。利用无人机的灵活性，规划出能够强化故事情节的飞行路径和拍摄角度，比如跟随主角的移动、环绕特定场景或高空俯瞰等。

### 2. 光线运用

光线是摄影的灵魂，对于无人机拍摄同样至关重要。学会利用自然光，如黄金时刻（日出和日落时分）的柔和光线，可以极大地提升画面的氛围和情感表达。此外，尝试不同的光线角度，如侧光强调物体的纹理、背光创造剪影效果，都能为短片增添独特的视觉美感。

### 3. 动态镜头

无人机赋予了用户前所未有的动态拍摄能力。运用推、拉、摇、移等基本镜头语言，结合无人机的上升、下降、旋转等动作，可以创造出紧张刺激或流畅舒缓的视觉效果，有效引导观众视线，增强短片的叙事节奏和动态感。但用户要注意，在操作中保持无人机平稳，避免过度抖动，以保证画面的专业感。

### 4. 创意构图

构图是摄影艺术的基础，对于无人机拍摄也不例外。尝试从非传统视角构图，比如超低空飞行捕捉地面细节或高空俯瞰展现宏观景象，利用前景元素增加深度或采用对称、三分法等经典构图原则，这些都能让画面更加吸引人。不要忘记，创意往往源自打破常规，勇于尝试新的构图方式。

### 5. 色彩与色调

色彩和色调能够深刻影响观众的情绪感知。在拍摄时，注意环境色彩与短片主题氛围的匹配，利用色彩对比或和谐来强化视觉效果。在后期处理时，通过调整饱和度、亮度、对比度等参数，可以进一步塑造短片的情感色彩，使画面更加生动有力。

### 6. 音乐与节奏

音乐和节奏是短片不可或缺的一部分，它们能够增强情感表达，引导观众情绪。选择与短片内容相得益彰的音乐，注意音乐节奏与画面切换、镜头运动的协调，可以创造出沉浸式的观看体验。适时加入环境音效，也能增加短片的真实感和代入感。

### 7. 合法飞行

在追求创意与美感的同时，务必遵守当地的无人机飞行法规，以确保飞行安全。了解并遵守禁飞区、限高区等规定，避免对他人隐私和公共安全造成干扰。使用专业的飞行控制器和 GNSS 定位系统，以确保飞行的稳定性和可控性。

## 10.2　"延时摄影"模式，记录画面运动轨迹

"延时摄影"是一种在较长的时间间隔内拍摄一系列照片，然后将这些照片按顺序组合成视频的技术，从而实现时间压缩的效果。在无人机航拍中，"延时摄影"通常包含以下 4 种飞行模式：自由延时、环绕延时、定向延时以及轨迹延时。选择相应的拍摄模式后，无人机将在设定的时间内自动拍摄一定数量的照片，并通过软件自动生成延时视频。这种技术广泛应用于自然风光、城市建筑、天文现象等场景的拍摄中，能够创造出极具视觉冲击力的效果。

### 10.2.1　"延时摄影"模式的设置

在 DJI Fly App 的飞行界面中，点击左侧的"智能模式"按钮，进入智能飞行功能界面。在弹出的界面中，点击"延时摄影"按钮，界面右侧会出现"延时摄影"分类。该模式提供了自由延时、环绕延时、定向延时、轨迹延时 4 种智能模式，让用户轻松创作专业级延时视频。

#### 1. 自由延时

无人机悬停在固定位置，镜头朝向固定方向或跟随目标移动，拍摄静态或动态延时画面。适合拍摄云层流动、光影变化、城市昼夜转换等场景。"自由延时"按钮如图 10-8 所示。

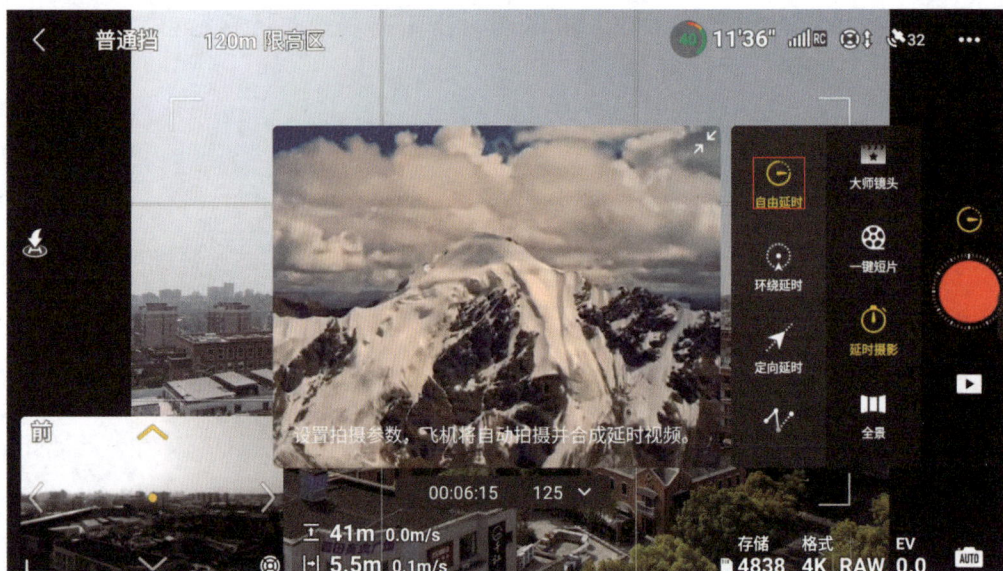

图 10-8  "自由延时"按钮

1）参数设置

拍摄间隔：2 ~ 60 秒（云层流动常用 2 ~ 5 秒，车流常用 1 ~ 2 秒）。

拍摄时长：5 分钟 ~ 无限（取决于电池续航）。

镜头运动：可固定角度或手动调整俯仰 / 偏航。

2）适用场景

固定机位拍摄日出日落、云海翻腾；城市天际线昼夜变化（如夜景车流等）；无须复杂运镜，适合新手入门。

**小贴士：**

当无人机使用自由延时模式悬停在固定位置时，可以通过一些技巧来提升拍摄效果。例如，使用 ND 滤镜来降低快门速度，这样可以捕捉到更丝滑的车流或云层流动，为画面增添动感和艺术感。同时，在 A 挡（光圈优先）模式下，建议设置较小的光圈，如 f/5.6 或更小，以确保画面的景深足够，使前景和背景都能清晰呈现。这种设置不仅能让主体更加突出，还能让整个场景的细节更加丰富，从而拍摄出更具视觉冲击力和专业感的画面。

## 2. 环绕延时

无人机以目标为中心，沿圆形轨迹飞行并连续拍摄，最终合成一段动态"环绕延时"视频，呈现目标被时间压缩的旋转视角。"环绕延时"按钮如图 10-9 所示。

图 10-9　"环绕延时"按钮

1）参数设置

环绕半径：10 ～ 500 米（可调，半径越小主体越突出）。

飞行速度：匀速或可变速（影响最终视频节奏）。

拍摄间隔：2 ～ 10 秒（建议云层 2 ～ 5 秒，建筑 5 ～ 10 秒）。

2）适用场景

地标建筑（如埃菲尔铁塔、东方明珠等）的 360° 延时展示；自然景观（如雪山、湖泊等）的环绕视角；人物＋环境互动（如露营、徒步等）。

**小贴士：**

在无人机的环绕延时模式下，确保 GNSS 信号稳定是至关重要的。稳定的信号能够让无人机精准地围绕主体进行匀速飞行，避免因信号漂移导致飞行轨迹偏离，从而影响拍摄效果，甚至导致拍摄失败。同时，主体在画面中的比例也不宜过小。如果主体过小，环绕效果会显得不明显，观众很难感受到画面的焦点和动态感。因此，建议选择相对较大的主体，如建筑物、地标或人物群体等，确保主体在画面中占据合适比例，让环绕延时拍摄的效果更加突出，能够清晰地展现出主体与周围环境的相对运动，增强画面的视觉冲击力和艺术感。

### 3. 定向延时

无人机沿直线或设定方向飞行，同时拍摄延时画面，适合展现公路车流、海岸线、山脉延伸等线性场景。"定向延时"按钮如图 10-10 所示。

图 10-10　"定向延时"按钮

1）参数设置

飞行方向：手动设定（如正北、东南等）。

飞行速度：0.5 ~ 5 米 / 秒（低速适合细腻光影，高速适合大范围移动）。

拍摄间隔：1 ~ 5 秒（车流建议 1 ~ 2 秒，云层建议 2 ~ 5 秒）。

2）适用场景

公路、桥梁的车流光轨（如旧金山金门大桥等）；海岸线潮汐变化、沙漠风痕；大型活动（如马拉松、游行等）的航拍记录。

**小贴士：**

在无人机的定向延时模式下，使用 Waypoints 2.0 功能（如 DJI Mavic 3 支持）可以提前规划飞行路径，以确保无人机按照预设轨迹稳定飞行。这种方式不仅能提升拍摄的稳定性，还能避免因手动操作导致的轨迹偏离。在逆光条件下拍摄时，建议开启 HDR 功能，以优化画面的明暗对比，避免高光部分过曝，同时保留暗部细节，使画面更加自然、清晰。此外，HDR 功能还能让天空中的云层和地面的景物细节更加丰富，提升整体视觉效果。

### 4. 轨迹延时

无人机按照预设的多个航点飞行，并在每个位置拍摄照片，最终合成一段复杂运镜的延时视频，适合电影级镜头设计。"轨迹延时"按钮如图 10-11 所示。

图 10-11　"轨迹延时"按钮

1）参数设置

航点数量：2～99 个（DJI Mavic 3 系列支持）。

飞行速度：可分段调整（如慢速经过主体、快速过渡空镜）。

镜头角度：每个航点可独立设置俯仰／偏航。

2）适用场景

电影／广告级镜头（如从森林低空穿越到城市全景等）；超长距离延时（如跨山、跨河拍摄等）；创意转场（如从日景渐变到夜景等）。

**小贴士：**

在无人机的轨迹延时模式下，拍摄前需提前踩点，以确保航线安全。由于该模式下无人机将按照预设轨迹自动飞行，避障功能可能失效，因此，必须仔细检查飞行路径，避开树木、电线、建筑物等障碍物，以防止碰撞事故。此外，轨迹延时拍摄通常耗时较长，建议使用高容量电池或携带充电管家，避免因电量不足导致拍摄中断。在拍摄过程中，耐心等待无人机完成整个飞行轨迹和拍摄任务，确保最终生成的延时视频效果完整且流畅。

## 10.2.2　创意延时摄影的拍摄方法

延时摄影不仅能展现时间的流逝，还能赋予画面独特的动态美感。利用大疆无人机的延时摄影模式，可以拍摄出壮观的城市灯光轨迹、云层变幻和日出日落等场景。以下是几种常见的创意延时摄影的拍摄方法。

### 1. 固定机位延时（Fixed Seat Timelapse）

将无人机悬停在一个位置，通过延时摄影模式捕捉场景的变化。例如，在城市中记录车流形成的光轨，或在大自然中拍摄云朵的流动。这种方法适合新手尝试，操作简单，但需注意电量和拍摄时长。

### 2. 轨迹延时（Waypoints Timelapse）

利用 DJI Fly App 的航点飞行功能，设定无人机在多个点之间平稳移动。例如，可以设定无人机围绕一座高楼旋转拍摄，使画面更具动态感。这种方式适用于拍摄城市建筑、海岸线或广阔的风景。

### 3. 环绕延时（Circle Timelapse）

设置无人机围绕目标进行环绕飞行，并开启延时摄影模式。例如，在一座山峰或标志性建筑周围盘旋，记录日出或夕阳变化。此方法能制造出强烈的视觉冲击力，但需要保持无人机飞行平稳，避免突然的高度或角度变化。

### 4. 推拉镜头延时（Dolly Zoom Timelapse）

通过无人机向前或向后平稳移动，同时调整变焦参数，制造出电影般的时空变形效果。例如，在峡谷、森林或城市街道中使用这种技巧，能带来极具冲击力的视觉效果。

### 5. 高速云台移动延时（Hyperlapse with Fast Gimbal Movement）

使用无人机的云台进行大幅度的俯仰或横向移动，同时录制延时摄影。适合拍摄壮观的云海、瀑布或城市景观，使画面更具动感。但需要用户手动调整云台移动速度，以保证平滑流畅的视觉体验。

# 第3篇

# 摄像技巧进阶篇

· · ·

# 第11章
## 实战航拍风光照片的全新视角

经过前几章的学习，读者应已熟练掌握无人机飞行技巧与摄影构图技术。本章将带领读者深入实战航拍风光照片，体验全新视角带来的视觉震撼，主要内容涵盖航拍秀丽风景、湖泊山水、城市风光等场景。

## 11.1 秀丽风景：航拍乡村、冬日雪景的秘诀

风景摄影是航拍领域中最常见且备受青睐的题材之一。无论是壮丽的乡村风光还是宁静的冬日雪景，世间一切美好景致都值得被记录和留存，以定格那些稍纵即逝的震撼与美丽瞬间。随着高画质无人机的广泛普及，以及其在成像质量、色彩还原度和动态范围等方面媲美专业相机的强大拍摄性能，越来越多的摄影爱好者开始涉足无人机航拍领域，并逐渐领略到航拍的独特魅力。这种技术不仅极大地拓展了摄影的视角和创作空间，还为摄影师提供了更多元化的拍摄手法，使其能够捕捉到传统摄影难以企及的视角和画面。

### 11.1.1 乡村风光的拍摄技巧与构图

一幅优秀的风景照片需要具备一个鲜明且明确的主题，无论是突出人物、特定事物，还是展现一个故事情节，主题都应清晰无误，让观赏者能够一目了然。例如，图 11-1 所示的瑞士因特拉肯的航拍照片，从天空视角俯瞰，整个村庄宛如一片世外桃源。画面中，湖水波光潋滟，四周被高山和树林环绕，整体风景如诗如画，主题明确且富有感染力。

图 11-1 瑞士因特拉肯的航拍照片

这幅瑞士乡村的照片，通过整合画面中的所有元素，传达出一种普遍而深刻的宁静主题。它不仅简单地呈现了一个山村，更通过画面传递出一种静谧的力量。采用俯

拍视角，画面展现出广阔的视野，村落建筑被山脉、湖水环绕，湖泊的衬托进一步凸显了画面的美感。

要使风景照片令人印象深刻并打动观赏者，拍摄者需运用构图技巧引导观众的注意力聚焦于被摄主体。优秀的风景照片应保持画面简洁，仅包含能够引导观众视线至主体的内容，同时剔除或减少那些可能分散注意力的元素。

## 11.1.2　冬日雪景的光线利用与色彩表现

冬日雪景是航拍中备受欢迎的题材之一。在拍摄雪景时，可借助航拍的俯视构图，展现宏大场景，营造出大地一片洁白的迷人景象。图11-2展示了山东威海的雪景航拍效果。雪景因其纯净、清透的白色而令人向往，给人以圣洁之感。在拍摄当天，威海的雪下得很大，海岸被厚厚的白雪覆盖，整个画面呈现出一种圣洁、宁静的氛围。

图11-2　山东威海的雪景航拍效果

在拍摄雪景时，可以利用曝光补偿来调整画面的亮度，确保雪的白色能够准确还原，避免过曝或欠曝。同时，通过调整白平衡，可以更好地还原雪的纯净白色，避免因色温差异导致的偏色。此外，选择合适的焦距和视角，可以进一步突出雪景的宏大与细腻。

## 11.2　湖泊山水：天空与水面的完美融合

在航拍湖泊山水风光照片时，通常采用两种主要的拍摄视角：第一种是俯视视角，无人机在空中飞行，相机镜头朝下进行拍摄，通过这种视角可以展现宽广的全景效果，将湖泊、山脉和周边环境尽收眼底；第二种是平视视角，无人机贴近地面飞行，镜头向上拍摄，捕捉连绵的山川，突出山峰的雄阔和壮美。本节将重点介绍如何利用这两种视角及相关的拍摄技巧，航拍湖泊、高山等风光照片，帮助摄影师捕捉到最具视觉冲击力的画面。

### 11.2.1　湖泊摄影的曝光控制与倒影捕捉

湖泊是地表相对封闭的天然洼地，其形态通常曲折蜿蜒，具有独特的曲线美感。在航拍湖泊时，无人机的俯视视角能够充分展现湖泊的全景，捕捉其蜿蜒的轮廓和周边的自然环境。对于高原湖泊，如错通的三连湖，其湖水清澈见底，呈现出纯净的蓝色，给人以圣洁之感。在航拍三连湖时，湖水在天空的映衬下显得格外湛蓝，两侧的雪山与湖水形成鲜明的对比，进一步凸显了湖泊的圣洁与宁静，如图 11-3 所示。这种独特的自然景观，通过航拍能够以一种震撼的视角呈现出来，使观赏者感受到大自然的壮美与宁静。

图 11-3　三连湖航拍效果

### 11.2.2　山景摄影的层次表现与视角选择

山是旅途中最常见的风景之一，也是航拍摄影的重要题材。图 11-4 展示了川西新龙红山，采用平视视角拍摄，能够充分展现山脉的连绵起伏和蜿蜒之势。整幅照片以红色和绿色为主色调，画面简洁，没有多余的杂色，使得主题非常醒目，突出了山脉的壮美与宁静。这种简洁的画面构图有助于引导观众的注意力集中在山脉的形态和质感上，从而更好地传达出自然景观的宏伟与纯净。

图 11-4　川西新龙红山航拍效果

## 11.3　城市风光：拍出城市繁华的技巧

城市摄影的难度高于自然风光摄影，因为城市环境中存在诸多不确定性，如人流、车流等动态元素。这些动态元素不仅增加了拍摄的复杂性，还可能干扰画面的稳定性。因此，在拍摄城市风光时，用户可以将城市高楼作为重要的航拍元素，将其与周边环境相结合。高楼大厦是城市景观的核心，但如何将城市高楼拍摄得既有感觉又富有层次感，是航拍城市风光的关键。

### 11.3.1　城市建筑群的航拍

图 11-5 呈现了上海市区城市高空航拍效果，画面中高楼林立，城市建筑色调统一，展现出城市的秩序与和谐。上空飘荡的白云为城市景色增添了梦幻与多彩的氛围，使整个画面更具层次感和视觉吸引力。这幅照片采用了水平线构图，天空占据画面的二分之一，云彩层次分明且富有立体感，为城市色彩增色不少。下方城市的高楼沿河流两侧整齐排列，几栋高楼矗立城市中心，展现出城市的繁荣与活力。这种构图方式不仅突出了城市的几何美感，还通过天空与地面的对比，增强了画面的深度和动态感。

图 11-5　上海市区城市高空航拍效果

在城市航拍中，除了高楼大厦，道路也是极具线条美感的重要元素。拍摄城市道路时，重点在于捕捉道路线条的美感，通过不同线条的组合，结合拍摄思路，选择合适的角度进行航拍。图 11-6 展示了上海市区道路高空航拍效果，极具线条美感。这种拍摄手法不仅能够突出道路的几何形态，还能通过线条引导观众的视线，增强画面的纵深感和立体感。在实际拍摄中，可以利用延长线构图，使画面呈现立体感和纵深感。此外，选择不同的拍摄角度，如俯视或斜角俯拍，能够进一步强化道路线条的表现力。

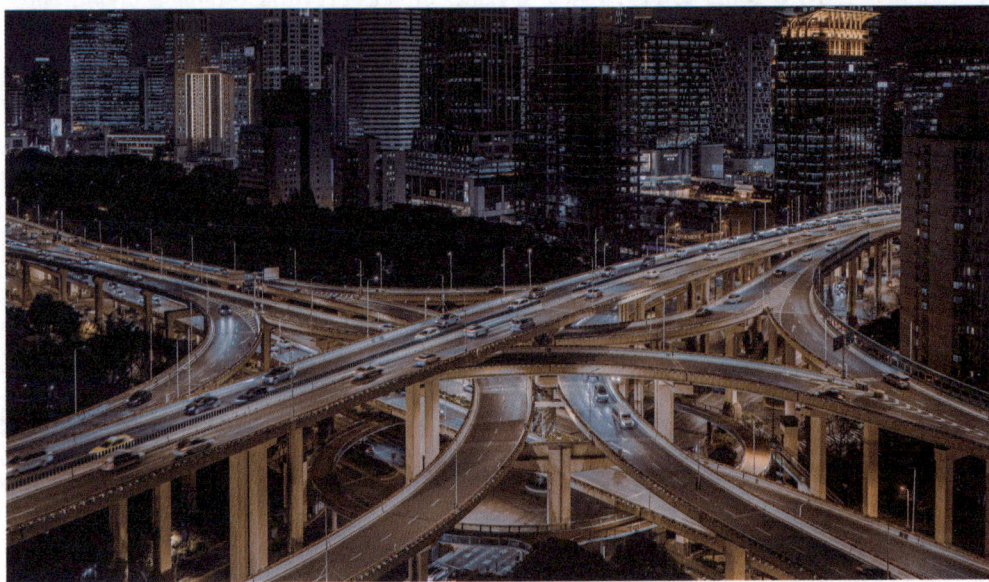

图 11-6　上海市区道路高空航拍效果

## 11.3.2 城市夜景的光线

　　夜景航拍作为无人机摄影中的难点，航拍者需要掌握一定的技巧才能拍出高质量的作品。如果航拍者对相关技巧尚不熟悉，至少可以利用无人机中的"纯净夜拍"模式进行拍摄。这种模式通过优化相机参数和图像处理算法，能够在低光环境下减少噪点，提升画面质量。

　　在低光照条件下进行夜景拍摄时，无人机的"纯净夜拍"模式通过优化相机的曝光参数和图像处理算法，能够显著提升亮部与暗部的细节表现。这种模式利用多帧合成技术，有效减少图像噪点，增强画面的纯净度和清晰度，从而在复杂的夜景环境中捕捉到更多细节。图11-7是使用"纯净夜拍"模式拍摄的夜景照片，不仅在高光部分保持了丰富的层次感，同时在阴影区域也能够清晰地展现细节，整体画面更加自然和逼真。

图 11-7 "纯净夜拍"模式航拍效果

# 第12章

# 无人机的摄像场景与拍摄技巧

## 学习提示

　　使用无人机进行航拍视频的难度远高于航拍照片。航拍照片时，用户只需将无人机飞行至合适位置，调整好构图后按下"拍照"键即可。而航拍视频则需要更高的飞行技术，要求画面稳定，避免抖动和飘浮不定，否则画质将不达标。

## 12.1　视频航拍场景：最具动感的拍摄技巧

用户在使用无人机进行视频航拍前，了解航拍场景对于体现视频画面的气势至关重要。例如，城市高空、体育赛事、演唱会以及民俗庆典等场景，在航拍视角下会呈现出更加壮观的景象。这些场景通常被称为"大场面"，其规模大、气势恢宏，通过无人机的航拍视角，能够更好地展现其全貌和细节。例如，在体育赛事中，无人机可以捕捉到整个赛场的全景，而在演唱会上，可以展现观众的宏大场面。这些场景的航拍不仅能够提供独特的视角，还能增强画面的视觉冲击力。

### 12.1.1　城市高空风光的拍摄方法

城市高空的风光因其强烈的视觉冲击力而备受摄影师青睐。高楼林立的景象不仅展现了城市的现代化与繁华，通过航拍视角，还能呈现出独特的层次感和规模感。这种视角能够捕捉到城市的几何美感和空间布局，展现出城市的宏观结构。

当夜幕降临，城市的灯光逐渐亮起，形成一片璀璨的光海，车流的光影交织在其中，营造出迷人的夜景。这种夜景不仅令人向往，还常被用于城市宣传片和风景纪录片中，展现出城市的活力与魅力，如图12-1所示。在航拍中，可以通过调整曝光补偿和白平衡，更好地捕捉灯光的细节和色彩，同时利用慢门技术（如果相机支持）来捕捉车流的轨迹，增强画面的动态感和艺术效果。

图 12-1　城市航拍夜景

### 12.1.2　体育赛事与活动的视频捕捉

在观看体育赛事的电视转播时，我们经常可以看到许多场景是通过无人机航拍实现的。这种航拍方式能够捕捉到体育赛事的宏大场面，展现出赛事的壮观气势。例如，在一些城市每年举办的马拉松比赛中，数万名参赛者身着统一的运动服装，在城市街道上奔跑，形成了一道亮丽的风景线。通过无人机航拍，能够将这种万人奔跑、呐喊的场景以一种极具动感和节奏感的方式呈现出来，给观众带来非常震撼的视觉体验。这种独特的视角不仅能够捕捉到比赛的精彩瞬间，还能展现出城市的风貌和赛事的活力。

演唱会场景通常极为热闹，歌手在台上表演，台下则是成千上万的观众，场面宏大且壮观，观众的呐喊声极具震撼力。然而，在这种大型活动中使用无人机航拍时，必须格外小心，避免无人机失控或坠落砸伤观众。此外，航拍演唱会需要事先获得相关部门的许可，否则可能会面临无人机被没收，甚至更严重的法律后果。

民俗庆典是民族文化的重要体现，通常在少数民族的传统节日中举行，如傣族的泼水节、蒙古族的那达慕大会、彝族的火把节等，这些活动场景热闹非凡，充满民族特色和文化魅力。在航拍民俗庆典时，需尊重当地文化习俗，确保飞行安全，避免干扰活动或造成意外。同时，航拍需获得相关部门许可，确保合法合规，避免法律风险。通过航拍，可以完美呈现这些活动的宏大场面和细节，为民族文化的传承和记录提供有力支持。

> **小贴士：**
>
> 　　在体育赛事或马拉松比赛等大型活动现场，由于人员密集，无人机飞行风险较高。若无人机操作不当导致"炸机"（无人机坠毁或失控），可能会对人群造成严重伤害。因此，无人机飞行前必须获得相关部门的许可，确保飞行安全。

## 12.2　视频航拍技巧：飞行安全、信号干扰与时机把握

用户在使用无人机进行视频航拍时，掌握一些专业技巧至关重要，包括确保无人机飞行的安全性、检测周围信号干扰情况、精准把握航拍时机等。

例如，航拍时机的选择应根据不同的航拍任务和拍摄类型来定，通常一天中早中晚的景色和色温差异较大，季节变化也会带来不同的景色。在信号干扰检测方面，无人机通信干扰检测方法通常假设封闭干扰场景，即只能识别训练过程中使用的干扰模式，但在复杂的电磁环境中，无人机通信会受到已知和未知干扰的影响。

通过这些技巧，用户可以拍摄出稳定且具有视觉冲击力的视频画面。

### 12.2.1　飞行安全与法规遵守

在航拍大型活动（如体育赛事、演唱会、民俗庆典等）前，用户需先对拍摄环境进行踩点，包括地面与飞行环境。起飞与降落点应选在空旷、无障碍物的区域，以确保飞行安全。飞行时，需避开人群密集区，避免在人群上空飞行，以防意外伤人。

### 12.2.2　信号干扰的预防与处理

在大型活动现场进行航拍时，由于现场通信设备和传播设备众多，无线电通信环境容易干扰无人机的信道，影响无人机飞行的稳定性，存在安全隐患。因此，建议用户手动设置无线电信道，避开干扰频段，为无人机提供安全的飞行环境。

用户可以在"图传设置"界面中，自定义信道模式，并检测图传信号。

具体操作方法如下：在飞行界面中，点击右上角的"…"图标可进入系统设置，如图 12-2 所示。找到"图传"界面，如图 12-3 所示。

图 12-2　点击"…"图标

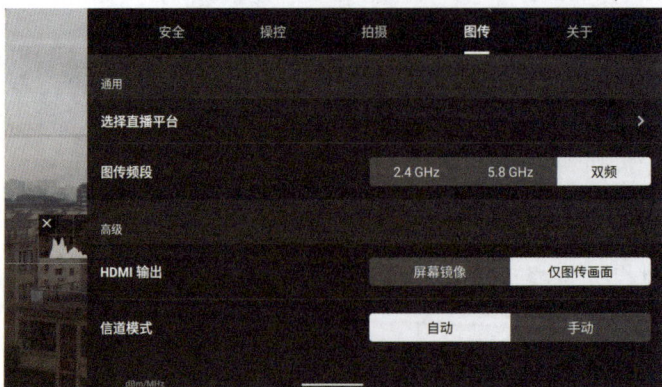

图 12-3　"图传"界面

在"图传"界面中的"信道模式"下，可以看到信号折线图可实时显示图传信号强度及干扰情况,如图12-4所示。用户可借此折线图检测周边信号干扰,优化飞行环境。在折线图下方会显示"带宽"数据。用户可以选择20MHz的信道,以保证无人机的通信正常连接。

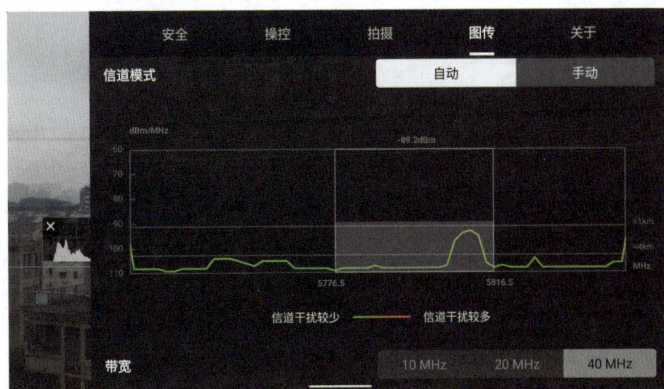

图12-4　"图传"界面中的"信道模式"

小贴士:

在图12-4中,点击"图传模式设置"右侧的"高清模式"按钮,弹出的选项中包含"标准模式"和"高清模式"供用户选择。这一选项会影响图传屏幕显示的分辨率。

### 12.2.3　把握拍摄时机与瞬间

在航拍赛事或大型活动时,每个关键画面的拍摄机会往往只有一次。因此,用户在航拍前必须对活动的每个环节了如指掌,全面掌握活动流程,并明确在重要环节的飞行和拍摄策略,以确保在正确的时间点捕捉到关键画面。此外,用户需提前熟悉拍摄环境,进行试飞,制定详细的拍摄计划,并从多角度进行拍摄,以确保拍摄出高质量的视频画面。

## 12.3　视频拍摄注意事项:速度感、前景对象与逆光画面的处理

在航拍视频之前,用户需深入学习并掌握使用无人机拍摄视频时的注意事项,以提升视频拍摄质量。例如,在拍摄高速运动场景时,要合理调整无人机的飞行速度和拍摄角度,以增强画面的速度感。同时,寻找合适的前景对象可以增加画面的层次感和动感。此外,在逆光条件下拍摄时,需注意测光锁定,以确保主体曝光准确。通过这些专业技巧的运用,可以有效提升航拍视频的质量和视觉效果。

### 12.3.1　创造速度感的技巧

在航拍具有动感效果的视频时,画面稳定性至关重要,需避免抖动(如"果冻"现象,即视频画面因机身或云台抖动而出现的卡顿效果)。一种操作方式是通过后期处理软件对视频画面进行加速处理,提升视频的播放速度,增强动感效果。例如,可以使用"时间重映射"功能,调整视频的播放速率,使画面更具速度感。

另一种操作方式是将多个带有速度感的视频片段进行剪辑合成,并添加动感音乐作为配乐,以此营造出快节奏的速度感。在剪辑过程中,可以利用"交叉剪辑"(Cross Cutting)技术将不同场景的片段交替出现,增强画面的动态效果。同时,选择合适的"带宽分配"(如 20MHz),确保图传信号稳定,避免因信号干扰影响画面质量。

### 12.3.2　前景对象的选择与应用

前景是指在拍摄主体前方设置的陪衬对象,用于衬托主体,增强画面的空间感和透视感,同时为观众提供更多的想象空间。通过穿越飞行的方式,利用陪衬前景展现主体对象,能够创造出震撼的画面效果。图 12-5 以雾为前景,山脉为拍摄主体,无人机向前飞行穿过大雾,最终展现出蜿蜒的山脉,这种画面极具吸引力。

图 12-5　以雾为前景的航拍

### 12.3.3　逆光条件下的拍摄技巧

逆光是指被摄主体位于光源与相机之间,太阳处于相机正前方的拍摄条件。在这种情况下,被摄主体容易出现曝光不足或曝光过度。此时,用户需手动调整拍摄参数,如 ISO、快门速度和光圈值。在光线比例合理时,使用低 ISO 值拍摄,可确保视频画质清晰。逆光还能产生眩光效果，若参数设置得当，可作为一种出色的艺术摄像手法。
图 12-6 展示了逆光下拍摄的建筑。

图 12-6  逆光航拍效果

# 第13章

# 无人机拍摄视频前的参数设置

## 学习提示

在进行航拍时，无论是拍摄照片还是视频，用户都需要提前设置相应的拍摄参数，以确保获得理想的画面效果。对于航拍照片，需调整曝光参数、拍摄分辨率等；对于航拍视频，则需设置最佳曝光参数、视频拍摄尺寸、存储格式以及白平衡等。这些参数的精准设置对于呈现高质量的视觉效果至关重要，只有熟练掌握它们，才能满足拍摄需求。

## 13.1　视频曝光参数：最佳设置的秘诀

在视频拍摄中，曝光参数的设置是决定画面质量的关键因素之一。曝光涉及光圈、快门速度和 ISO 三大要素，它们相互关联，共同决定了画面的明暗程度和视觉效果。光圈控制进光量，影响景深；快门速度决定画面的动态模糊程度；ISO 则影响画面的亮度和噪点水平。掌握这些参数的最佳设置，不仅能确保画面曝光准确，还能根据拍摄场景和创意需求，营造出理想的视觉风格。无论是拍摄明亮的户外场景，还是昏暗的室内环境，合理的曝光设置都是实现高质量视频拍摄的基础。

### 13.1.1　光圈、快门速度与 ISO 的平衡

新手在航拍视频时，常因曝光参数设置不当而无法获得理想的画面效果，导致拍摄失败，浪费时间和精力。因此，熟练掌握 ISO、快门速度和光圈值之间的搭配关系至关重要。若不熟悉手动设置，可选择自动曝光模式，如图 13-1 所示，以确保在基本拍摄场景下获得正确的曝光。

图 13-1　自动曝光模式

在特殊光线环境下，无人机的曝光效果可能不够准确。此时，可在系统设置界面中打开直方图（Histogram），如图 13-2 所示，然后手动调节曝光补偿（Exposure Value，EV）参数，使直方图的峰值集中在中间区域。这样可以确保曝光的准确性。拍摄时，需特别注意避免画面曝光过度（Overexposure），否则后期处理将变得非常困难。

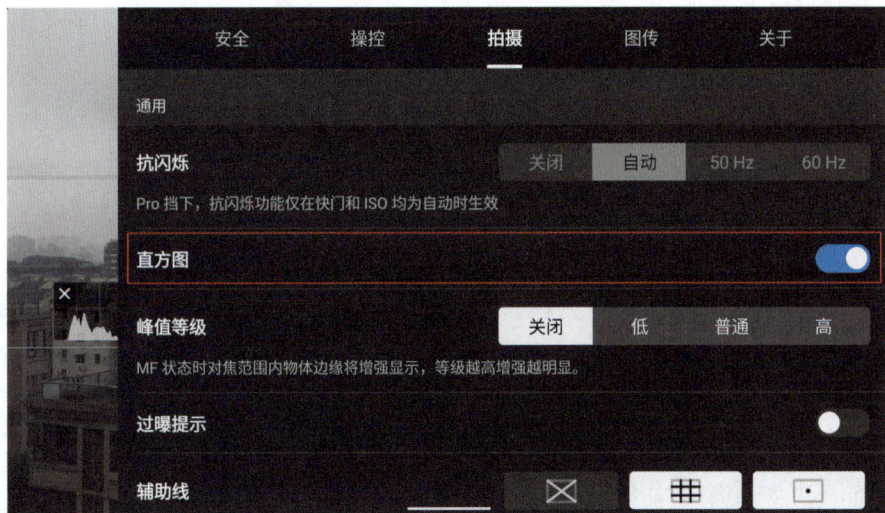

图 13-2　打开直方图

## 13.1.2　曝光补偿与锁定的应用

在无人机航拍中，光线环境的变化会直接影响画面的亮度和细节表现。合理运用曝光补偿（Exposure Value，EV）和曝光锁定（Auto Exposure Lock，AE Lock），可以确保画面在不同光线条件下保持稳定的曝光效果，避免过曝或欠曝。

### 1. 曝光补偿（EV）的应用

曝光补偿用于手动调整相机的曝光值，以适应不同的光线环境。当自动曝光模式无法准确判断时，可以通过调整 EV 值来微调画面亮度。例如：

＋ EV（增加曝光）：适用于夜景或逆光环境，可提升画面亮度，保留暗部细节。

－ EV（降低曝光）：适用于高亮度场景（如雪景或白色建筑），防止画面过曝丢失高光细节。

在 DJI Fly App 中，可以通过 EV 调整滑块快速修改曝光参数，建议在拍摄前预览画面，并适当调整 EV 值，以获得理想的曝光效果。

### 2. 曝光锁定（AE Lock）的应用

在光线变化较大的场景（如日出日落、穿越树林或云层等），相机的自动曝光可能会不断调整，导致画面亮度忽明忽暗。此时，曝光锁定（AE Lock）可以固定当前曝光参数，避免画面亮度突变，提高视频的稳定性。例如，日落或日出，光线变化较快，锁定曝光可保持画面亮度一致。或者反向操作，例如从暗处飞向亮处（如穿越建筑阴影或山洞），锁定曝光可避免画面亮度剧烈波动。

在 DJI Fly App 中，用户可以通过长按屏幕或点击"AE"按钮锁定曝光，确保画面在整个拍摄过程中保持均衡的光线表现。

### 3. 曝光补偿与锁定的结合应用

在复杂光线环境下，可以结合两者使用：先使用曝光补偿微调画面亮度，使亮部和暗部达到平衡。确认理想的曝光后，启用曝光锁定，防止无人机在飞行过程中自动调整曝光，导致画面闪烁或亮度不均。

### 4. 进阶技巧

手动曝光模式（M 模式）：对于专业摄影师，可以直接手动调整 ISO、快门速度和光圈，而不是依赖曝光补偿。

直方图辅助判断：在 DJI Fly App 中开启直方图，可更精准地查看画面曝光情况，避免丢失细节。

使用 ND 滤镜：在强光环境下（如正午阳光）使用 ND 滤镜，可减少进光量，使曝光控制更加灵活。

## 13.2 视频存储格式：影响素材用途的关键因素

在航拍视频的拍摄过程中，选择正确的存储格式至关重要。如果存储格式选择不当，可能会给后期制作带来诸多不便。例如，不同的视频编辑软件对存储格式的兼容性不同，某些格式可能无法直接导入或需要额外的转码步骤，这不仅会增加后期处理的时间成本，还可能导致画质损失。

此外，存储格式的选择还会影响视频文件的大小和存储空间的占用，不合适的格式可能会导致文件过大，难以管理和传输。因此，在拍摄前，应根据后期制作的具体需求和编辑软件的兼容性，选择合适的存储格式，以确保后期制作的顺利进行。

### 13.2.1 MOV 格式

MOV，即 QuickTime 影片格式，是 Apple 公司开发的一种音频、视频文件格式，广泛用于存储数字媒体。选择 MOV 格式时，视频将保存为 MOV 文件。MOV 格式基于 Apple 公司的系统和代码压缩包，支持 C 和 Pascal 编程接口，高级软件可利用它控制时基信号。应用程序可使用 MOV 格式生成、显示、编辑、拷贝和压缩影片及其数据。

QuickTime 采用有损压缩技术，MOV 格式文件在存储空间需求上较小，且画面效果优于 AVI 格式。截至目前，QuickTime 共有 4 个版本，其中 4.0 版本的压缩率最高，是一种优秀的视频格式。该格式支持 16 位图像深度的帧内压缩和帧间压缩，帧率可达每秒 10 帧以上。此外，MOV 格式还兼容 Premiere、会声会影、After Effects 和 EDIUS 等专业级非线性编辑软件，这些软件可对 MOV 格式文件进行实时处理。

下面将详细介绍如何选择 MOV 格式。

进入飞行界面，点击右上角的"…"图标可进入系统设置，进入拍摄界面；找到"拍摄"选项卡，在"视频格式"右侧点击"MOV"按钮，如图 13-3 所示，完成操作。

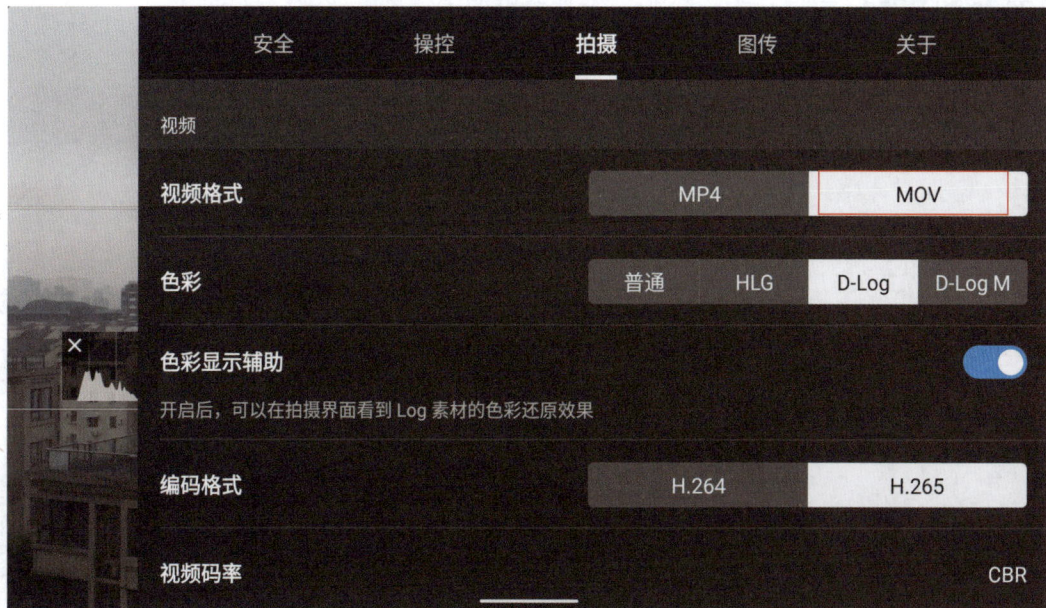

图 13-3　点击"视频格式"右侧的"MOV"按钮

## 13.2.2　MP4 格式

MP4 是一种广泛使用的数字多媒体容器格式，由 ISO 和 IEC 下属的 MPEG 制定，适用于网络流媒体、光盘存储、语音发送（如视频电话）以及电视广播等场景。它支持多种压缩编码标准（如 H.264），能够高效编码和打包多媒体内容，具有较小的文件容量和清晰的画质，因此深受用户青睐。选择 MP4 格式可以确保视频文件在多种设备和平台上无缝播放，同时便于存储和传输。

## 13.3 光线与白平衡：掌握参数设置的光影魔术

在摄影的世界里，光线是塑造影像的灵魂画笔，而白平衡则是调色盘上那关键的颜料。每一束光线都携带着独特的色彩与温度，从清晨的第一缕阳光到夕阳下的余晖，它们在镜头前交织出无数种可能。白平衡（White Balance）是衡量显示器中红、绿、蓝三基色混合生成白色精确度的指标，通过调整白平衡参数，可以解决色彩和色调处理的问题。在无人机的视频设置界面中，用户可以调整白平衡参数，以实现不同的色调效果。

### 13.3.1 光线方向与质量的把握

在航拍摄像中，光线的方向和质量直接影响画面的层次感、色彩表现和整体氛围。掌握光线的特性，可以让无人机拍摄的画面更加生动、有质感。

#### 1. 光线方向的影响

不同方向的光线会给画面带来截然不同的效果，合理选择光线角度，可以突出主体、增强立体感。

1）顺光（正面光）

顺光是指光源直接照射在被摄主体的正面，能够均匀地照亮画面，减少阴影，适用于展现主体的真实色彩。适合风光摄像和建筑摄像，但画面可能显得较为平淡。适用场景：大场景风光、无人机平视拍摄等。

2）侧光

侧光可以在被摄物体上形成明显的光影对比，使画面更具层次感和立体感，特别适合表现地形起伏、城市建筑或人物特写。适用场景：日出日落时拍摄山脉、城市天际线、人物侧影等。

3）逆光（背光）

逆光拍摄时，光源位于无人机前方，会产生明显的轮廓光，适合拍摄剪影效果或营造梦幻氛围。但用户需要注意控制曝光，避免画面过曝或主体细节丢失。适用场景：日落剪影、湖面倒影、云雾缭绕的场景等。

4）顶光（高位光）

正午时分太阳直射地面，光线来自垂直方向，影子较短，画面对比度高，但容易丢失暗部细节。一般不建议在正午强光下拍摄，可使用 ND 滤镜降低曝光。适用场景：城市俯拍、大面积场景记录等。

### 2. 光线质量的影响

光线质量通常分为"硬光"和"柔光"，它们会影响画面的对比度和氛围。

1）硬光（直射光）

硬光通常来自强烈的直射光源，如正午阳光或清晨晴天的太阳光。它能够制造强烈的光影对比，适合拍摄建筑、山脉等需要强调结构感的画面。但容易导致阴影过硬，影响人物拍摄的质感。适用场景：高对比度风景、建筑摄像等。

2）柔光（漫射光）

柔光是指光线经过云层、大气等散射后变得均匀柔和，如阴天、清晨和黄昏时的光线。柔光可以减少阴影，使画面过渡更加自然，特别适合拍摄人像、植物和柔和氛围的风景。适用场景：日出日落时的风景、人像拍摄等。

### 3. 利用光线提升航拍效果

黄金时刻拍摄：日出后一小时和日落前一小时的"黄金时刻"光线柔和，色温偏暖，适合拍摄风景大片。

合理选择光线方向：根据拍摄主题调整光源角度，增强画面氛围感。

1）使用 ND 滤镜

在强光环境下（如正午）使用 ND 滤镜，避免过曝，提升画面层次。

2）关注天气变化

云层会影响光线质量，阴天可以提供柔和光线，而晴天可带来高对比度画面。

## 13.3.2　白平衡设置与色彩还原

本小节将介绍如何在设置界面中调整视频白平衡，包括阴天模式、晴天模式、白炽灯模式、荧光灯模式以及自定义模式。

进入飞行界面，点击右下角的"拍摄参数"，进入拍摄参数调整界面，如图 13-4 所示，白平衡参数为"自动"模式。无人机将根据环境亮度和颜色自动调整白平衡参数。

图 13-4　拍摄参数调整界面

　　许多用户在摄影时发现，不同光照条件下拍摄的照片色调存在差异：在日光灯（荧光灯）环境下拍摄的照片会偏绿，而在白炽灯（钨丝灯）环境下拍摄的景物则偏黄；在日光阴影下拍摄的照片则偏蓝。这些现象均源于白平衡设置。因此，白平衡的调整对于画面的色彩平衡和色调表现至关重要。

### 1. 阴天模式

在阴天进行航拍视频时，用户可将白平衡模式设置为"阴天"，无人机将自动增强画面饱和度，以校正色彩偏差。

### 2. 晴天模式

在晴朗天气进行航拍时，用户可将白平衡模式设置为"晴天"，无人机的白平衡功能将增强画面中的蓝色成分，以校正色彩偏差。

### 3. 白炽灯模式

"白炽灯"模式，也称为"室内光"模式，能够修正画面中的偏黄或偏红色调，适用于在白炽灯（钨丝灯）环境下拍摄的照片或视频素材。若用户在室内进行航拍，需根据灯光效果选择"白炽灯"白平衡模式。

### 4. 荧光灯模式

荧光灯的色温通常在 3800K 左右，适合用于制作自然的蓝天效果。由于不同地区使用的荧光灯类型不同，其色温也会有所差异，因此，"荧光灯"白平衡设置也需相应调整。航拍师必须确定照明是哪种"荧光",才能在无人机中设置最佳的白平衡参数。最有效的方法是进行"试拍",以确保画面色彩的准确性。

### 5. 自定义模式

在无人机相机设置中,用户可以根据不同的天气和灯光条件设置,自定义白平衡参数,以满足特定的拍摄需求。自定义白平衡参数的方法十分简单:进入"白平衡"界面,选择"自定义"选项,然后通过拖动滑块来调整白平衡参数,范围通常在3800K至10000K之间。

# 第 *14* 章
## 空中摄像的基本拍摄手法

**学习提示**

    在航拍视频素材之前，用户需预先规划航拍路线，明确无人机的飞行路径、镜头的取景方式以及如何捕捉具有吸引力的视频场景。这些问题的解决是航拍成功的关键。本章将围绕这些问题，讲解空中摄像的基本拍摄手法，并介绍一些基础的航拍飞行技巧。希望读者学完后能够触类旁通，航拍出更多精彩的视频效果。

## 14.1 空中摄像飞行手法：6 组简单的航线技巧

用户首先从最基础的航拍飞行手法入手。精准地掌握无人机的飞行航线和镜头取景角度，是航拍视频拍摄的关键基础。在正式进行飞行航线训练之前，用户需要熟练掌握遥控器的双手操控技巧，包括对油门、副翼、升降舵和方向舵的精准控制，以确保无人机在飞行过程中的稳定性和安全性。只有通过反复练习，达到对遥控器操作的"肌肉记忆"，用户才能在复杂的飞行环境中灵活操控无人机，实现理想的航拍效果。

### 14.1.1 水平直线飞行

直线前进航线是飞行中最基础的飞行方式，指无人机与镜头保持固定姿态向前飞行，如图 14-1 和图 14-2 所示。

图 14-1 直线前进航线（一）

图 14-2 直线前进航线（二）

**小贴士：**

直线前进航线不仅是最基础的飞行方式，也是最安全的飞行航线。由于相机镜头朝前，用户可以实时监控无人机前方的飞行环境，及时发现并规避障碍物，降低飞行风险。在面对广阔地面景观或大型活动场景时，直线前进航线尤为适用。

### 14.1.2 垂直向前飞行与倾斜飞行

在无人机拍摄中，不同的飞行航线能够带来独特的视觉效果，满足多样化的拍摄需求。以下 5 种常见航线，它们各有特点，用户可根据拍摄场景灵活选择。

#### 1. 垂直向前飞行

垂直向前航线是指在起飞前，将相机镜头调整至与地面垂直（90°），随后保持直线向前飞行。这种飞行方式在拍摄道路等具有延伸感的场景时，能够营造出强烈的视觉引导效果，增强画面的"镜头感"，如图 14-3 所示。

图 14-3 垂直向前飞行

## 2. 俯首向前飞行

俯首向前航线是指在起飞后，将无人机上升至高空，调整相机镜头角度至俯视状态（通常为 45° 左右），以斜角视角进行拍摄，随后保持直线向前飞行。这种航线适合拍摄地面的延伸性景观，如道路、河流等，能够营造出强烈的视觉引导效果和空间感，如图 14-4 所示。

图 14-4 俯首向前飞行

## 3. 渐高向前飞行

渐高向前飞行航线是指无人机先以较低的高度向前飞行，在接近拍摄主体时逐渐提升飞行高度，最终从物体上方飞过。这种航线能够通过高度变化捕捉到从低到高的视角变化，展现出拍摄主体的层次感和立体感。这种航线常用于拍摄建筑、山脉等具有高度差的场景，如图 14-5 和图 14-6 所示。

图 14-5 渐高向前飞行（一）

图 14-6 渐高向前飞行（二）

### 4. 渐高低头向前飞行

渐高低头向前飞行航线是指无人机从拍摄主体上方飞过时，相机镜头始终保持对准拍摄主体，直至与地面垂直（90°）。这种航线能够从高处逐步降低视角，捕捉从俯视到平视的画面过渡，适用于拍摄建筑、山脉等具有高度差的场景，能够突出主体的层次感和立体感，如图 14-7 和图 14-8 所示。

图 14-7　渐高低头向前飞行（一）

图 14-8　渐高低头向前飞行（二）

### 5. 横移飞行

横移飞行航线是指无人机在飞行过程中沿水平方向向左或向右进行直线飞行，同时保持相机镜头的姿态和飞行高度不变。这种航线能够平稳地捕捉场景的横向延伸，适用于拍摄广阔风景、建筑轮廓或大型活动场景，能够有效展现画面的横向层次感和空间感，如图 14-9 所示。

图 14-9　横移飞行

## 14.1.3　环绕飞行与螺旋飞行

环绕飞行与螺旋飞行是航拍中常用的动态镜头运镜方式，能够为画面增加立体感和视觉冲击力，使拍摄对象更加突出，增强观众的沉浸感。这两种飞行手法广泛应用于风景拍摄、建筑航拍、人物跟随以及动态场景记录等场景。

### 1. 环绕飞行的应用

环绕飞行是指无人机围绕某一固定目标进行 360° 或任意角度的旋转拍摄，使拍摄对象始终处于画面中心，同时，背景不断变化，增强空间感和立体感。

### 2. 环绕飞行的操作技巧

选择一个明显的主体（如塔楼、雕塑、山峰、车辆或人物等）。根据主体大小，适当调整无人机高度，使画面构图更协调。使用左摇杆控制无人机的旋转方向，同时用右摇杆微调位置，确保飞行轨迹均匀流畅。例如，大疆系列无人机的"智能环绕拍摄"功能，可自动围绕目标飞行，拍摄更稳定流畅的视频。

### 3. 螺旋飞行的应用

螺旋飞行是在环绕飞行的基础上，加入高度变化，使无人机在围绕目标旋转的同时逐渐上升或下降，形成动态拉伸的视觉效果。这种手法常用于展现宏伟场景、提升画面的层次感。

### 4. 螺旋飞行的操作技巧

决定无人机是顺时针还是逆时针旋转，同时确定是上升还是下降。左摇杆上推（上升）或下拉（下降），右摇杆轻推（前进）或轻拉（后退）配合旋转方向。避免过快或过猛的动作，确保画面平滑自然。结合云台角度变化，使拍摄对象更加突出。

### 5. 环绕与螺旋飞行的结合应用

在实际拍摄中，可以结合两种手法进行创造性运用。例如，先使用环绕飞行围绕目标进行近景拍摄，然后逐渐转换为螺旋上升飞行，以展现更宏大的视角。此外，结合延时摄影模式，可以记录更具冲击力的动态画面。

## 14.2 视频案例分享：城市建筑的拍摄解析

通过 14.1 节的学习，读者应已掌握 6 组基础的空中摄像飞行技巧。本节将通过两个视频案例的部分画面，深入解析无人机航拍的具体手法，帮助读者更深刻地理解这些技巧在实际拍摄中的应用。

### 14.2.1 城市建筑的动态捕捉与构图

下面以视频中城市建筑的低空航拍画面为例。拍摄时正值夜晚，红蓝灯光闪烁，视频画面如图 14-10 至图 14-12 所示。

图 14-10　城市建筑的低空航拍画面（一）

图 14-11　城市建筑的低空航拍画面（二）

图 14-12　城市建筑的低空航拍画面（三）

　　通过上述三个视频画面的展示，读者可以清晰地看出该视频采用了直线前进的拍摄手法。无人机的飞行高度和相机拍摄角度保持不变，始终保持向前飞行的姿态。

## 14.2.2　城市建筑的线条与结构表现

　　下面以视频中西北山脉航拍画面为例。拍摄时正值清晨，太阳刚刚升起，视频画面如图 14-13 和图 14-14 所示。

图 14-13　西北山脉画面（一）

图 14-14　西北山脉画面（二）

　　通过上述两个视频画面的展示，读者可以清晰地看出该视频采用了横移航线（Pan Shot）的拍摄手法，无人机保持水平方向的直线飞行，相机镜头姿态和飞行高度不变。从第一个画面到第二个画面，切换为直线前进航线（Straight-Line Forward Shot），无人机在向前飞行的同时逐渐降低镜头角度，靠近主体时向右横移，展现了由远及近的视觉效果。

# 第 **15** 章

## 高级拍摄手法：成为"机长"的必修课

**学习提示**

　　第 14 章为读者介绍了两组基础的航线拍摄技巧，本章将深入探讨高级拍摄手法，包括无人机横移拍摄、环绕拍摄、侧身拍摄及后退拍摄等。这些技巧需要用户熟练掌握双手协同操作，以精准操控无人机飞行轨迹，从而捕捉更具视觉冲击力的视频画面。

## 15.1 无人机横移与环绕：摄像技巧的高阶应用

在无人机航拍中，横移拍摄通过水平方向的直线飞行展现广阔场景的横向延伸，能够引导观众视线、突出主体，并增强画面的层次感和动态效果，适合静态或动态场景。

而环绕拍摄则通过围绕固定兴趣点进行 360° 旋转飞行，提供全景视角，增强画面的立体感和深度感，突出主体，适合拍摄地标性建筑或自然景观等。

这两种技巧各有特点，用户可根据具体需求灵活运用，以实现最佳的视觉效果。

### 15.1.1 无人机横移飞行的摄像技巧

本小节将介绍 4 种无人机横移摄像技巧，结合拉高、向前、后退、转身等飞行动作进行拍摄。例如，横移 + 拉高 + 向前的飞行方式可用于场景转换；横移 + 拉高 + 后退则适用于展现全景。希望读者通过本节内容，熟练掌握这些技巧，提升航拍水平。

#### 1. 横移拉高飞行

横移拉高飞行是指在无人机飞行过程中，保持飞行姿态和相机镜头角度不变，仅在横向移动时提升飞行高度。这种飞行方式能够通过高度变化捕捉场景的层次感和深度感，同时保持画面的稳定性和连贯性。例如，在拍摄广阔的城市景观或自然风光时，横移拉高飞行可以让观众从低到高逐步领略场景的全貌，增强视觉冲击力。图 15-1 和图 15-2 展示了横移拉高飞行的效果。

图 15-1 横移拉高飞行（一）　　　　图 15-2 横移拉高飞行（二）

**小贴士：**

在无人机操作中，横移飞行主要通过操控遥控器的横滚杆（右摇杆）来实现。向左拨动横滚杆时，无人机将执行向左的水平横移飞行；而向右拨动横滚杆，则使无人机向右进行水平横移飞行。这种操作方式基于无人机的三轴姿态调整机制，精准控制其在二维水平面上的位移。

### 2. 横移拉高向前飞行

横移拉高向前飞行是无人机通过遥控器同时完成的三个复合动作。具体操作为：首先，通过右手拨动横滚杆（右摇杆）实现无人机的水平横移；其次，通过左手拨动升降杆（左摇杆）完成垂直上升；最后，通过右手向前拨动俯仰杆（右摇杆）实现向前推进。图15-3和图15-4展示了横移拉高向前飞行的效果。其中，拉高与横移、拉高与向前推进的动作可同步进行，以实现更复杂的飞行轨迹。

图 15-3　横移拉高向前飞行（一）　　　　图 15-4　横移拉高向前飞行（二）

### 3. 横移拉高后退飞行

横移拉高后退飞行是指无人机在飞行过程中同时完成横移、上升和后退的复合动作，与向前飞行相反，属于一种更为复杂的航拍操控技术。具体操作为：右手向下拨动遥控器的俯仰杆（右摇杆）实现后退，同时左手向上拨动升降杆（左摇杆）完成拉高，右手向左或向右拨动横滚杆（右摇杆）实现横移。在相机姿态保持不变的情况下，无人机可向斜后方横移并拉升高度，这种操作常用于拍摄场景转换或突出主体与背景的空间关系。如图15-5和图15-6所示，展示了横移拉高后退飞行的效果。

图 15-5　横移拉高后退飞行（一）　　　　图 15-6　横移拉高后退飞行（二）

**小贴士：**

在无人机进行后退飞行操作时，航拍者必须先对飞行环境进行全面的安全检查。这包括观察无人机后方是否存在障碍物、建筑物或飞行动物等潜在风险。同时，还需注意风向和风速对飞行稳定性的影响，避免因环境因素导致无人机失控或"炸机"（坠毁）。在确保飞行环境安全的前提下，操作者应通过遥控器的俯仰杆（右摇杆）向下拨动，使无人机平稳后退，同时保持相机和机身的姿态稳定。

### 4. 向前拉高转身横移飞行

在执行向前拉高、转身横移飞行时，无人机共完成4组动作。当无人机向前飞行接近拍摄对象时，操作者需通过遥控器的升降杆（左摇杆）向上拉高。随后，利用方向舵（右摇杆）使无人机围绕拍摄对象进行微小角度的转身（即航向调整），接着通过横滚杆（右摇杆）进行横移操作，这一系列动作可用于实现环绕拍摄或调整构图。图 15-7 至图 15-10 展示了向前拉高转身横移飞行的效果。

图 15-7　向前拉高转身横移飞行（一）　　图 15-8　向前拉高转身横移飞行（二）

图 15-9　向前拉高转身横移飞行（三）　　图 15-10　向前拉高转身横移飞行（四）

## 15.1.2　无人机环绕飞行的拍摄技巧

环绕飞行是指无人机以拍摄主体为中心进行轨迹飞行，并围绕主体完成环绕拍摄。

这种拍摄手法在专业术语中被称为"兴趣点环绕"或"刷锅"。本小节将介绍3种无人机环绕飞行的拍摄技巧，帮助航拍者更好地利用这一手法来展示拍摄主体与环境的关系。

### 1. 围点环绕飞行

围点环绕飞行即围绕目标点环绕飞行，是指无人机以拍摄对象为中心，进行360°全方位环绕拍摄，以实现对主体的全景展示，如图15-11和图15-12所示。如果用户采用左手控制"油门"（升降杆）的操作模式，那么在进行环绕飞行时，需通过两个摇杆的协同操作来控制飞行方向和角度：逆时针环绕时，两个摇杆同时向外拨动；顺时针环绕时，两个摇杆同时向内拨动。

图 15-11 围点环绕飞行（一）

图 15-12 围点环绕飞行（二）

### 2. 向前环绕飞行

向前环绕飞行是一种结合了平移与旋转的复杂航拍操作，适用于在接近拍摄主体时进行环绕拍摄，如图15-13和图15-14所示。具体操作为：无人机首先向前飞行，当接近拍摄主体时，通过操控横滚杆（右摇杆）逐渐向左或向右进行横移，同时利用方向舵（右摇杆的旋转功能）适时调整机身方向，使无人机围绕拍摄主体进行360°的环绕飞行。这一过程中，无人机的飞行轨迹呈螺旋或弧形，能够实现对主体的全方位拍摄。

图 15-13 向前环绕飞行（一）

图 15-14 向前环绕飞行（二）

### 3. 组合环绕飞行

组合环绕飞行是一种融合了多种飞行操作的技巧,具体包括向前飞行、转身180° 以及后退飞行。与此前的圆点和向前环绕飞行相比,组合环绕飞行操作仅完成180° 的转身,而非完整的 360° 环绕。操作时,无人机首先向前飞行接近拍摄主体,随后利用方向舵(右摇杆)进行 180° 的转身操作,调整航向后执行后退飞行。这种飞行方式适用于在有限空间内快速调整拍摄角度,同时保持对拍摄主体的持续跟踪,如图 15-15 和图 15-16 所示。

图 15-15  组合环绕飞行(一)

图 15-16  组合环绕飞行(二)

## 15.2  无人机侧身与后退:探索更多创意拍摄手法

在无人机航拍中,侧身飞行和后退飞行是两种重要的拍摄技巧。侧身飞行通过横向平移拓展画面空间感,突出主体与背景的关系,带来动态视角,适合展现场景的连续变化和引导观众注意力。

后退飞行则通过纵向移动营造距离感和透视感,增强画面深度,适合揭示场景全貌、强调主体与环境的关系以及营造氛围。合理运用这两种技巧,可以丰富画面的视觉效果和叙事功能,提升航拍作品的艺术表现力。

### 15.2.1  无人机侧身飞行的航拍技巧

本小节将介绍两种无人机侧身飞行的航拍技巧,分别是侧身向前飞行和侧身组合飞行。

这些技巧相比前两小节的飞行手法更具挑战性,需要操作者熟练掌握遥控器的操控,尤其是对横滚杆、方向舵和俯仰杆的协同操作。侧身向前飞行能够快速调整拍摄角度,捕捉动态画面;而侧身组合飞行则适合在复杂场景中灵活调整拍摄视角,完成更具叙事性的镜头。

用户在练习时需注意飞行环境的安全性，避免因操作不当导致"炸机"等意外。

### 1. 侧身向前飞行

侧身向前飞行是指无人机以侧向姿态对准拍摄目标，通过横滚杆（副翼杆）操作实现侧向移动，同时结合俯仰杆（升降舵）向前飞行，如图 15-17 和图 15-18 所示。这种拍摄手法具有一定难度，主要因为无人机的实际飞行方向与遥控器操作方向不一致。例如，操作者看到无人机向前飞行，但实际上它是以侧向姿态移动，因此，需要同时操作横滚杆和俯仰杆。

图 15-17 侧身向前飞行（一） 图 15-18 侧身向前飞行（二）

在飞行前，操作者需仔细观察周围环境，确保飞行安全。侧身向前飞行时，飞行界面无法清晰显示无人机前方画面，因此，需要提前规避障碍物。此外，操作者需熟练掌握遥控器的杆量操作，避免因紧张误操作导致无人机碰撞障碍物。

### 2. 侧身组合飞行

组合侧身飞行（侧身向前＋转身＋侧身后退）是一种高难度的无人机航拍技巧，它在侧身向前飞行的基础上增加了其他复杂的操作。该手法的难点在于无人机从侧身向前飞行转为侧身后退时，需要操作者在连续性和精确性上做到高度协调。用户必须熟练掌握遥控器的杆量操作，尤其是副翼杆（控制侧向移动）和方向舵（控制转向）的协同配合，才能录制出稳定的视频画面。

如果操作不当，视频画面容易出现抖动或摇晃，这种现象在无人机航拍中被称为"果冻效应"，通常是由于机身或云台的振动导致。因此，在进行组合侧身飞行时，操作者需提前熟悉飞行环境，确保飞行安全，并通过多次练习提升操作的稳定性和精准性。

## 15.2.2 无人机后退飞行的摄像技巧

在无人机后退飞行过程中，操作者需先对后方飞行环境进行仔细观察，因为飞行中视线受阻,仅能依靠肉眼判断。本小节将向读者介绍3种无人机后退飞行的摄像技巧,这些技巧适用于不同场景,能够有效丰富航拍画面的层次感和叙事性。

### 1. 后退飞行

后退飞行是与向前飞行相反的动作,用户通过右手向下拨动俯仰杆(右摇杆)即可实现无人机的后退飞行效果。图 15-19 和图 15-20 展示了无人机在后退飞行过程中拍摄的航拍视频画面效果。

图 15-19　后退飞行拍摄效果(一)

图 15-20　后退飞行拍摄效果(二)

### 2. 后退拉高飞行

后退拉高飞行手法是一种具有较高操作难度的航拍技巧,要求无人机在后退过程中同步上升。这种"渐远倒飞"的方式通过调整飞行姿态和云台角度,能够营造出居高临下的广阔画面,增强场景的宏伟感和视觉冲击力。在具体操作中,左手向上拨动油门杆控制无人机上升,右手向下拨动俯仰杆使其后退,同时通过云台俯仰拨轮缓慢调整云台角度,使画面从近景逐渐过渡到远景。图 15-21 和图 15-22 展示了无人机在后退拉高过程中拍摄的航拍视频画面效果,这种手法特别适合用于展现自然风光或城市景观的全貌。

图 15-21　后退拉高飞行拍摄效果(一)

图 15-22　后退拉高飞行拍摄效果(二)

### 3. 拉高旋转上升飞行

拉高旋转上升的飞行手法是一种常用的航拍技巧,其核心在于通过无人机的垂直上升与旋转运动，结合云台的俯仰调整，实现从垂直90°俯视角度拍摄地面场景。在操作过程中，无人机以稳定的姿态垂直上升，并通过左操作杆控制旋转，同时右操作杆调整云台俯仰角度，使镜头逐渐从近景过渡到更广阔的远景。这种手法能够快速展现大范围的场景，增强画面的宏伟感和视觉冲击力，特别适合用于拍摄自然风光、城市全景或大型建筑等场景。

# 第 *16* 章

## 摄像时无人机镜头的运动方式

**学习提示**

　　在航拍视频中，无人机镜头的运动方式主要分为向前镜头和后退镜头两种。向前镜头通过逐渐拉近主体，实现从远景到特写的过渡，能够突出主体细节，增强画面的聚焦感和叙事性。后退镜头则通过逐渐远离主体，展现出更广阔的场景，营造出宏大、开阔的视觉效果，增强画面的宏伟感和空间感。不同的镜头运动方式对观众的吸引力各有侧重。

## 16.1 向前镜头航拍：期待感的营造

向前镜头是指无人机在向前飞行过程中所呈现的画面效果，其拍摄场景可分为6种情况：平拍前进无主体、平拍前进有主体、前进上摇镜头、前进下摇镜头、扣拍前进镜头以及前进对冲镜头。本节将针对这些不同情况分别进行介绍。

### 16.1.1 向前推进的镜头语言

当采用平拍前进且画面中无主体的拍摄方式时，这种镜头语言常用于建立场景的背景环境，属于典型的"定场镜头"（Establishing Shot），其目的是通过广阔的视野和稳定的画面呈现环境全貌，为观众提供故事发生的整体环境或氛围。在航拍中，无人机以低速匀速推进，这种缓慢的移动方式能够确保画面的稳定性，避免因快速运动带来的视觉冲击或"果冻效应"。例如，图 16-1 展示的正是这种无主体的平拍前进画面，适用于场景的宏观展示。

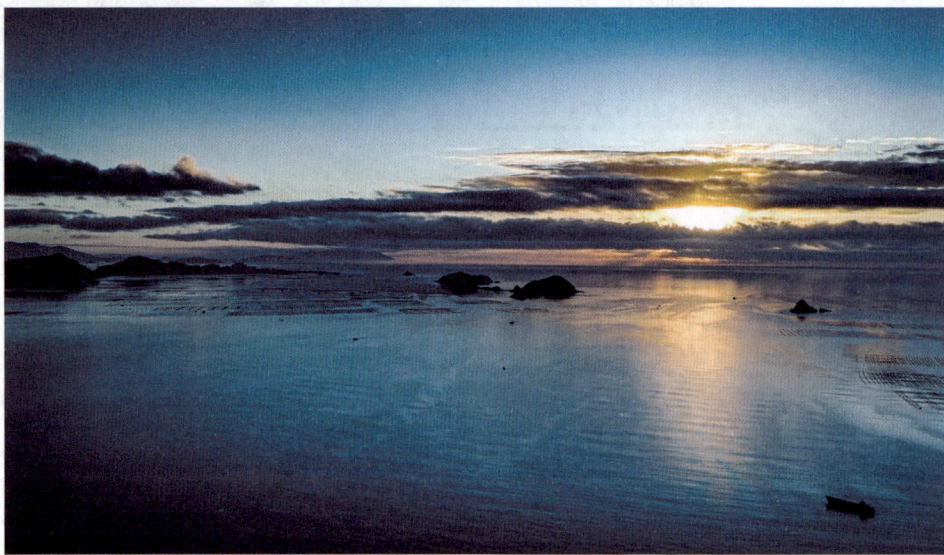

图 16-1　无主体的平拍前进画面

而在航拍视频中，若需表现主体与其环境的关系，可采用由远及近的推进镜头，即平拍前进有主体的拍摄方式。这种镜头语言通过逐渐"放大"主体，增强画面的聚焦感，从而突出主体在环境中的位置。随着无人机缓慢靠近被摄主体，镜头的取景范围由大变小，这种"推镜头"的运用能够引导观众的注意力，从宏观环境过渡到具体主体，营造出更强的视觉引导和情感代入。图 16-2 和 16-3 展示的是有主体的平拍前进画面，这种推进镜头常用于揭示主体细节或情感，是航拍中常用的叙事手法之一。

图 16-2　有主体的平拍前进画面（一）

图 16-3　有主体的平拍前进画面（二）

**小贴士：**

　　在大型电影或电视剧的开头部分，常采用无主体的航拍画面，这种拍摄方式主要用于交代故事背景和环境氛围，属于典型的"定场镜头"（Establishing Shot）。定场镜头通过广阔的视野和无明确主体的画面，为观众提供故事发生的宏观场景，帮助快速建立故事背景。这种镜头通常结合航拍技术，利用无人机的高空视角，呈现宏大的地理形态和环境全貌。在拍摄时，无人机以缓慢的飞行速度推进，确保画面稳定，从而清晰地展现环境细节。

### 16.1.2　向前飞行中的焦点转换

　　在航拍领域，镜头的运动方式是塑造视觉效果的重要手段。通过巧妙运用不同类型的镜头运动，可以极大地增强画面的叙事性和感染力。以下几种常见的航拍镜头技巧，各有独特的视觉效果和应用场景，能够为影片增添丰富的层次感和动态美。

#### 1. 前进上摇镜头

　　在无人机向前飞行过程中，通过拨动云台俯仰控制拨轮将镜头向上摇起，逐渐显示拍摄主体，这种镜头运动方式属于"升镜头"（上升镜头）。这种技巧能够营造出一种由低到高的视觉过渡，引导观众的注意力从前景逐渐转移到背景主体，同时带来一种期待感，因为观众无法预知接下来会出现什么样的画面。在航拍摄像中，这种镜头常用于影片的开场部分，用于建立场景的宏大感和引导观众进入故事背景。

#### 2. 前进下摇镜头

　　在无人机向前飞行过程中，通过拨动云台俯仰控制拨轮将镜头向下摇，逐渐将故事的场景或主体纳入画面。这种镜头运动方式属于"下降摇镜头"，能够营造出一种观众"坠入"拍摄场景的沉浸感。这种运镜技巧常用于引导观众的注意力从宏观环境过渡到具体主体，增强画面的叙事性和情感张力。

### 3. 扣拍前进镜头

扣拍前进拍摄是指无人机以垂直 90° 俯视的角度向前飞行，云台相机镜头保持朝下，场景中的元素随着飞行逐次进入画面。这种镜头语言常用于交代环境全貌，通过逐步展现画面内容，营造出更强的期待感和叙事节奏。

### 4. 前进对冲镜头

前进对冲拍摄是指无人机与拍摄主体以较高速度相向运动，完成对冲镜头的拍摄。这种镜头语言能够最大化地表现出被摄主体的速度感和冲击力。在拍摄时，无人机通常处于低空飞行状态，以增强画面的视觉冲击力。这种拍摄手法常用于赛车、滑雪、冲浪等运动项目，能够营造出强烈的动态效果。

## 16.2 后退镜头航拍：故事场景地缓缓退出

后退镜头是指无人机以倒退的方式飞行，通过镜头拉远的方式，使画面中的主体逐渐远离镜头，变得越来越小直至消失。这种拍摄手法能够营造出一种从微观到宏观的视觉过渡，增强画面的叙事性和空间感。本节将介绍两种后退镜头的运动方式，分别适用于不同的拍摄场景和叙事需求。

### 16.2.1 后退飞行的构图技巧

后退镜头，在航拍领域中也被广泛称为倒飞，是一种极具表现力和视觉冲击力的拍摄手法。它不仅能够展现被摄主体与环境的关系，还能通过动态的变化引导观众的视线，增强影片的叙事性和观赏性。在后退飞行的过程中，合理的构图技巧是确保拍摄效果的关键。以下将详细探讨后退飞行航拍中的构图技巧。

#### 1. 观察与规划

在进行后退飞行拍摄前，首先要对拍摄区域进行充分的观察和规划。确定被摄主体的位置、大小以及周围环境的布局，以便在拍摄过程中能够准确捕捉画面。

考虑到后退飞行的安全性，拍摄前应将无人机转过 180°，检查并确认飞行路线上的障碍物，确保飞行安全。

#### 2. 选择合适的起点

起点的选择对于后退飞行的构图至关重要。通常，起点应位于被摄主体的近处，以便在镜头中清晰呈现主体细节。

随着无人机的后退，镜头应逐渐纳入更多的环境元素，形成由主体向环境的自然过渡。

### 3. 灵活调整高度与角度

在后退飞行的过程中，拍摄者可以根据拍摄需求灵活调整无人机的高度和角度。例如，通过拉升高度可以更好地展示被摄主体所处的广阔环境；通过调整角度可以捕捉不同视角下的画面效果。

边倒飞边拉升或下降的组合动作能够逐渐体现大场景的宽度和高度，增强画面的空间感和层次感。

### 4. 利用构图原则

在后退飞行的构图中，拍摄者可以借鉴经典的构图原则，如九宫格构图、对角线构图等。这些原则有助于在画面中合理安排被摄主体与环境的位置关系，使画面更加均衡和谐。

特别注意被摄主体在画面中的位置变化，随着无人机的后退，主体在画面中的比例会逐渐减小，因此需要适时调整构图以保持画面的吸引力。

### 5. 注意光线与色彩

光线和色彩是构成画面氛围的重要因素。在后退飞行的拍摄中，应充分利用自然光和人造光源来营造不同的画面效果。

根据拍摄时间和地点的不同，光线和色彩的变化也会有所不同。拍摄者应敏锐捕捉这些变化，并通过调整曝光、白平衡等参数来优化画面效果。

### 6. 保持镜头稳定

在后退飞行的过程中，保持镜头的稳定是至关重要的。稳定的镜头能够确保画面的清晰度和流畅性，避免观众因画面抖动而产生不适感。

现代无人机通常配备有先进的稳定系统，但拍摄者仍需注意飞行速度和风向等因素对镜头稳定性的影响。

## 16.2.2　后退飞行中的情感表达

在无人机拍摄中，后退镜头是一种极具表现力的手法，通过平拍缓慢或快速后退，能够营造出不同的视觉效果和情感氛围。平拍缓慢后退常用于影片转场或结尾，营造从场景中抽离的宁静感；而平拍快速后退则通过快速拉远镜头，突出主体与环境的关系，增强画面的戏剧性和视觉冲击力。

### 1. 平拍缓慢后退

平拍缓慢后退的拍摄方式通常应用于影片的转场或结尾部分。通过这种"拉远镜头"手法，画面中的主体逐渐远离镜头，营造出一种从具体场景中抽离的视觉效果，象征着剧情的结束。

### 2. 平拍快速后退

平拍快速后退是指无人机以较快的速度进行后退飞行，这种拍摄方式通过"拉镜头"的手法，画面中的主体逐渐远离镜头，画面景别由近及远，从而营造出强烈的视觉冲击感。

无论是缓慢后退还是快速后退，后退镜头都能有效表现主体与环境的关系。根据拍摄主体和影片节奏的不同，创作者可以选择合适的后退速度来表达拍摄意图。快速后退镜头常用于拍摄极限运动等场景，能够突出环境的宏大与主体的动态，增强画面的戏剧性。

# 第 4 篇

# 后期制作篇

# 第**17**章

## 照片的后期处理：手机＋计算机精修技巧

**学习提示**

　　照片的后期处理为风光摄影带来了无限的创意空间，能够通过软件提升作品的美感，甚至创造出全新的视觉效果。本章主要介绍如何利用手机 App 和 Photoshop 对航拍风光照片进行后期优化，使照片更具吸引力和"大片感"。

## 17.1 手机 App 处理：快速修片的高效方法

无人机完成拍摄后，用户可通过数据线将照片导入手机，并利用手机修图 App 进行后期处理。这种处理方式能够满足基本的修图需求，如裁剪构图、调整色调、添加文字等，操作便捷且高效。处理完成后，用户可将照片分享至社交媒体平台，如朋友圈或微博。本节以"醒图"App 为例，详细介绍了手机修片的具体方法。

### 17.1.1 基本调整：曝光、色彩与色调以及色彩平衡

在摄影中，基本调整是决定照片质量的核心要素之一。无论是专业相机还是手机拍摄，曝光、色彩与色调以及色彩平衡的精准控制都至关重要。曝光不当，画面要么亮得失去细节，要么暗得难以辨认。色彩与色调不协调，会使照片看起来失真或缺乏美感。色彩平衡失调，也会导致照片的整体效果大打折扣。而通过手机"醒图"App，用户可以轻松调整曝光，优化照片的明暗表现，同时还能对色彩与色调进行精细调整，确保色彩平衡，从而让照片的整体质量得到提升。

#### 1. 曝光

曝光是照片明亮度的关键参数。过曝会导致画面细节丢失，而欠曝则会使画面显得暗淡无光。在手机"醒图"App 中，曝光调整通常是最基础也最重要的功能之一。

1）整体曝光

大多数手机修图 App 都提供了曝光调整滑块，用户可以通过滑动该滑块来增加或减少照片的整体亮度。在调整时，应观察画面的明暗分布，确保高光部分不过曝，阴影部分有足够的细节。

2）局部曝光

对于需要更精细调整的照片，可以使用局部曝光工具。例如，"醒图"App 的"局部调整"功能允许用户点击画面中的特定区域，并对其进行单独的亮度调整。这有助于平衡画面中的明暗差异，突出主体。

#### 2. 色彩与色调

在"醒图"App 中，用户可以利用"调节"工具对风光照片进行优化。根据不同风光照片的画面效果，通过调整色彩与色调，完善照片的整体色彩表现，增强画面的感染力。以下是调整色彩与色调的具体操作步骤。

步骤 01 打开"醒图"App，导入一张照片素材，在最下方菜单中，点击"调节"

按钮，如图 17-1 所示。

步骤 02　进入"调节"界面后，点击"对比度"按钮，如图 17-2 所示，调整照片的对比度，以增强画面的层次感和深度。

图 17-1　点击"调节"按钮　　　　图 17-2　点击"对比度"按钮

### 3. 色彩平衡

在"醒图"App 中，"色彩平衡"功能通过调整高光、中间调和阴影区域中的指定颜色（RGB 通道）来改变照片的整体色调。以下是调整色彩平衡的具体操作步骤。

步骤 01　打开"醒图"App，导入照片素材，在"调节"工具菜单中找到"曲线调色"，点击此按钮，如图 17-3 所示。

步骤 02　进入"曲线调色"界面，如图 17-4 所示，滑动曲线调整画面中的颜色色调，调整完毕后点击下方的"勾号"图标。

图 17-3　点击"曲线调色"按钮　　　　图 17-4　"曲线调色"界面

**步骤 03** 点击图 17-3 中右上角的"导出"按钮，即可下载图片，图片最终效果如图 17-5 所示。

图 17-5　图片最终效果

## 17.1.2　创意效果：滤镜和特效的应用

在当今的视觉创作领域，滤镜和特效的应用如同魔法般，为作品赋予了无尽的魅力与活力。它们能够瞬间改变画面的氛围，营造出梦幻般的场景，或是让平凡的画面焕发出独特的光彩。

### 1. 滤镜

"醒图"App 提供多种风格化滤镜，能够一键美化照片整体色调，增强画面氛围感。其滤镜涵盖复古、清新、电影感等多个系列，可智能识别图像场景并进行针对性调色，尤其适用于人像、风景、美食等题材的快速调色与统一风格处理。图 17-6 展示了一张在海边风力发电机场的航拍照片，其天空部分略显平淡且泛白。接下来，我们将通过"醒图"App 对照片进行天空调整操作。

图 17-6　海边风力发电机场的航拍照片

**步骤 01** 打开"醒图"App，导入海边风力发电机场的航拍照片素材，进入"滤镜"

界面，如图 17-7 所示。

步骤 02　向左滑动滤镜库，点击"普林斯顿"按钮，如图 17-8 所示。

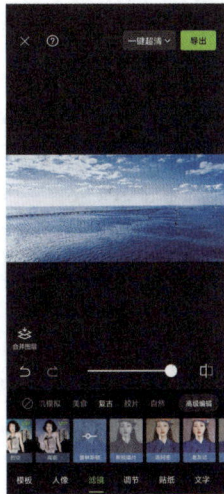

图 17-7　"滤镜"界面　　　　图 17-8　点击"普林斯顿"按钮

步骤 03　点击图 17-8 中右上角的"导出"按钮，即可导出图片，图片最终效果如图 17-9 所示。

图 17-9　图片最终效果

**小贴士：**

"醒图"App 预设滤镜能涵盖多种风格主题，如复古感、胶片感等，能智能调节色彩，快速提升画面质感。让用户无需专业技巧，也能轻松打造大片效果。

### 2. 特效

"醒图"App 内置丰富的特效库，涵盖模糊、基础、光、复古、色差、材质、拼贴等多种类型。其中，"雨滴"纹理可模拟镜头上的雨滴效果，为照片增添自然的湿润氛围。以下介绍为照片添加特效的操作步骤。

步骤 01 打开醒图App，导入一张照片素材，滑动下方的工具栏，点击"贴纸"按钮，自动进入"贴纸"功能界面，如图17-10所示。

步骤 02 在顶部搜索栏中搜索"雨"，如图17-11所示。可以看到很多雨的贴纸，选择合适的贴纸，插入照片素材中。

图17-10 "贴纸"功能界面　　　　图17-11 搜索"雨"效果

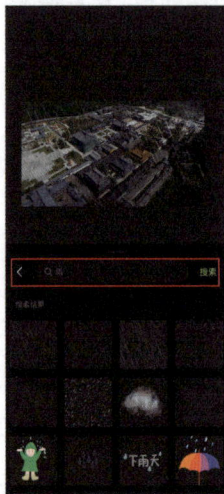

步骤 03 在顶部搜索栏中搜索"雪"，可以看到很多雪的贴纸，选择合适的贴纸，插入照片素材中，并调整"雪"和"雨"贴纸在画面中的位置，如图17-12所示。

图17-12 调整"雪"和"雨"贴纸的位置

步骤 04 贴纸添加完毕后，自动跳转回编辑界面，点击右上角"导出"按钮进行导出。添加贴纸后的图片最终效果如图17-13所示。

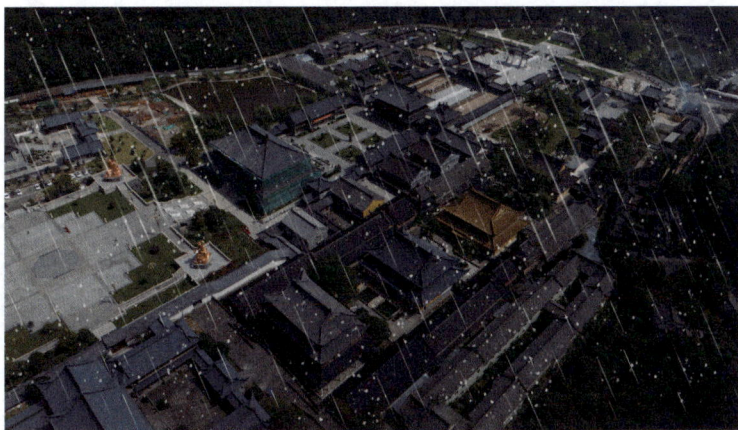

图 17-13　图片最终效果

## 17.2　Photoshop 处理：调出照片精彩画质的专业技巧

要提升摄影作品的质量，除了需要正确的构图、丰富的色彩和画面空间感外，后期修饰与美化同样重要。借助 Photoshop 对航拍照片进行后期处理，可以弥补照片的不足，使其更加完美。本节将重点介绍使用 Photoshop 进行照片后期处理的方法。

### 17.2.1　色彩校正和调整图层的使用

在数字图像处理的世界里，色彩校正和调整图层的运用是提升视觉作品质量的关键环节。色彩校正能够精准地修正色彩偏差，让图像的色彩更加真实、自然；而调整图层则为创作者提供了灵活的创作空间，可以在不破坏原始图像的基础上，自由地调整亮度、对比度、饱和度等参数，实现理想的视觉效果。掌握这两项技能，就如同拥有了魔法画笔，能够将平淡无奇的画面变得生动而富有感染力。

#### 1. 调整照片色调

无人机拍摄的照片有时会因曝光不足或环境光线复杂而显得偏灰，色彩饱和度较低。使用 Photoshop 中的"自动色调"功能，可快速调整照片的色彩平衡，提升饱和度，从而还原照片的真实色彩。

以下是调整照片色调的具体操作步骤。

步骤 01 使用 Photoshop 打开素材图像，如图 17-14 所示。

图 17-14　打开素材图像

**步骤 02** 顶部菜单栏单击"图像"菜单，在弹出的菜单栏中单击"自动色调"选项，如图 17-15 所示。

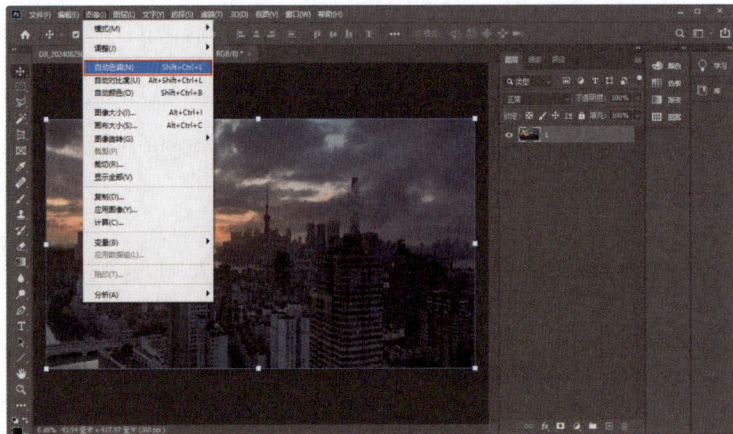

图 17-15　单击"自动色调"选项

**步骤 03** 预览自动调色后的最终效果，如图 17-16 所示，并保存调整后的照片。

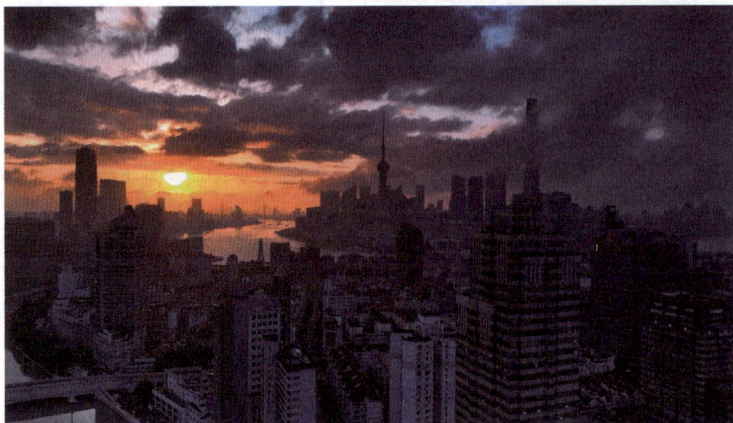

图 17-16　自动调色后的最终效果

### 2. 调整色相与饱和度

在 Photoshop 中，通过执行"色相/饱和度"命令可精准调整单个颜色的色相、饱和度和明度参数，也可全局调整图像色彩。以下是调整色相与饱和度的具体操作步骤。

**步骤 01** 使用 Photoshop 打开素材图像，如图 17-17 所示。

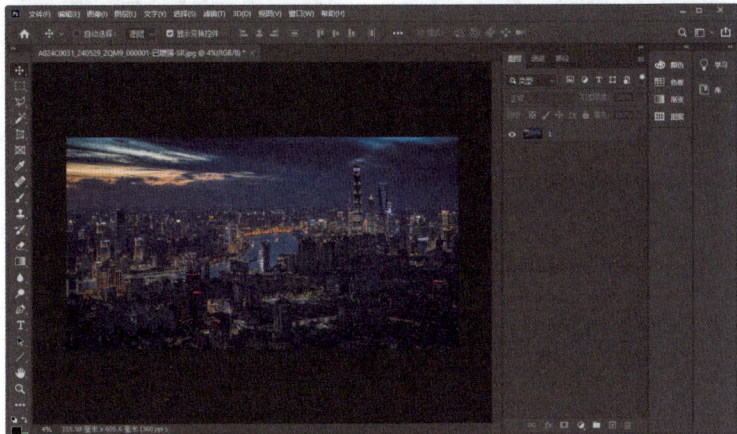

图 17-17　打开素材图像

**步骤 02** 在菜单栏中，单击"图像"菜单，接着单击"调整"选项，最后单击"色相/饱和度"选项，如图 17-18 所示。

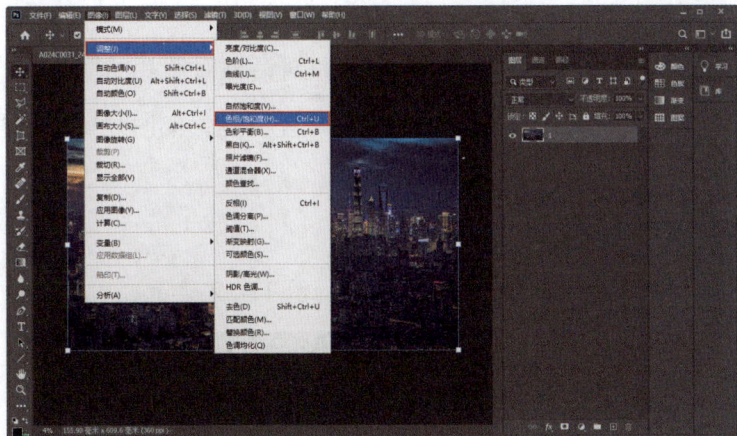

图 17-18　单击"色相/饱和度"选项

**步骤 03** 执行后，弹出"色相/饱和度"对话框，如图 17-19 所示。

**步骤 04** 在对话框中设置"色相"为 +15，"饱和度"为 −8，如图 17-20 所示。

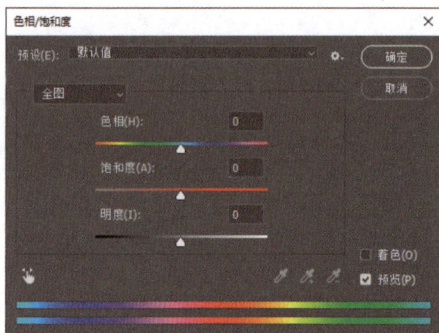

图 17-19　色相 / 饱和度对话框

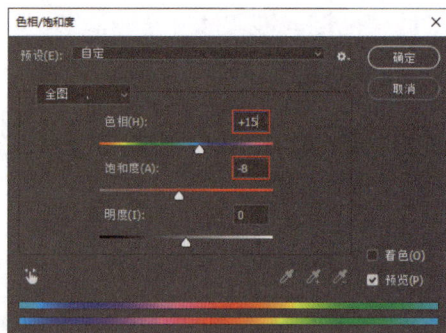

图 17-20　设置相关参数

**步骤 05** 设置完成后，单击"确定"按钮，最终效果如图 17-21 所示。

图 17-21　最终效果

### 3. 调整色彩平衡

在 Photoshop 中，用户可通过"色彩平衡"对话框对照片的阴影、中间调和高光部分进行精准调整，以解决风光照片中的色彩偏差问题，同时还能为照片赋予特殊的色彩效果。

以下是调整色彩平衡的具体操作步骤。

**步骤 01** 使用 Photoshop 打开素材图像，如图 17-22 所示。

图 17-22　打开素材图像

步骤 **02** 在菜单栏中，单击"图像"菜单，接着单击"调整"选项，最后单击"色彩平衡"选项，如图17-23所示。

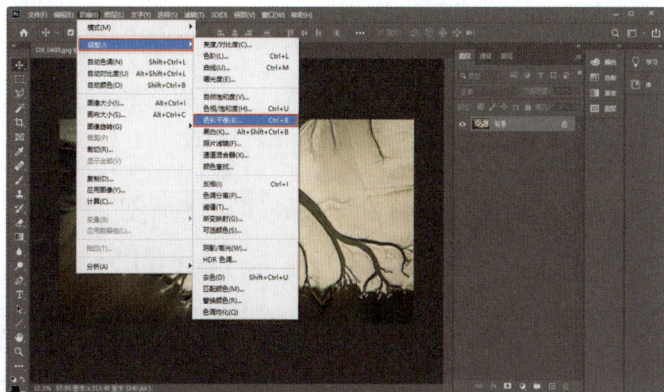

图17-23　单击"色彩平衡"选项

步骤 **03** 操作完成后，弹出"色彩平衡"对话框，如图17-24所示。

步骤 **04** 在对话框中，将"色阶"参数分别设置为-15、+16、-55，如图17-25所示。

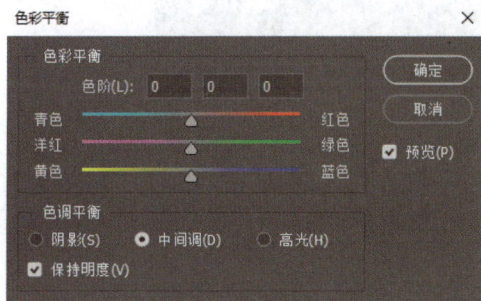

图17-24　"色彩平衡"对话框　　　　　　　图17-25　设置参数

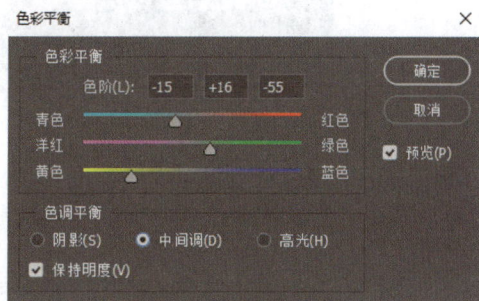

步骤 **05** 设置完成后，单击"确定"按钮，最终效果如图17-26所示。

图17-26　最终效果

## 17.2.2　RAW 格式照片的专业处理流程

RAW 格式是相机拍摄照片时感光元件记录的全部信息，是一种无损文件格式，因其能最大限度地保留照片的细节，为后期创作与调整带来更大的空间，而深受摄影师的喜爱。利用 Photoshop 中的 Camera Raw 插件，可以轻松地完成 RAW 格式照片的专业处理。

以下将详细介绍 RAW 格式照片在 Photoshop 中的专业处理流程。

**步骤 01** 使用 Photoshop 打开 RAW 素材图像，如图 17-27 所示。

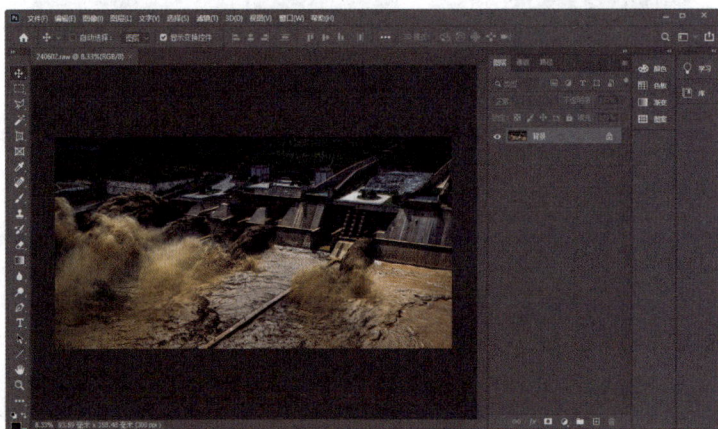

图 17-27　打开 RAW 素材图像

**步骤 02** 顶部菜单栏单击"滤镜"菜单，在弹出的菜单栏中单击"Camera Raw 滤镜"选项，如图 17-28 所示。

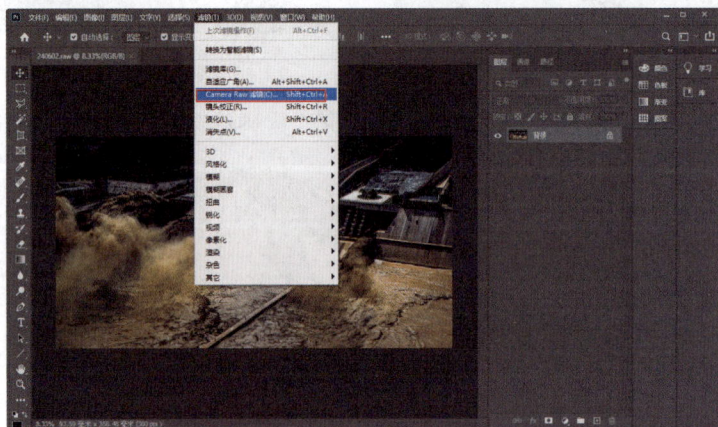

图 17-28　单击"Camera Raw 滤镜"选项

**步骤 03** Camera Raw 是一个专门用于处理 RAW 文件的插件，在界面提供了丰富的调整工具和选项，如图 17-29 所示。

图 17-29 Camera Raw 界面

步骤 04 使用自动曝光滑块调整图像的整体亮度，如图 17-30 所示，确保高光和阴影部分都有适当的细节。

图 17-30 调整曝光

步骤 05 增加或减少图像的自动对比度，调整高光和阴影区域的细节，如图 17-31 所示，使画面更加均衡。

图 17-31 调整对比度

步骤 06 校正图像的色温和色调，使图像颜色更准确。可以使用白平衡工具或直接在色温和色调滑块上进行调整，如图 17-32 所示。

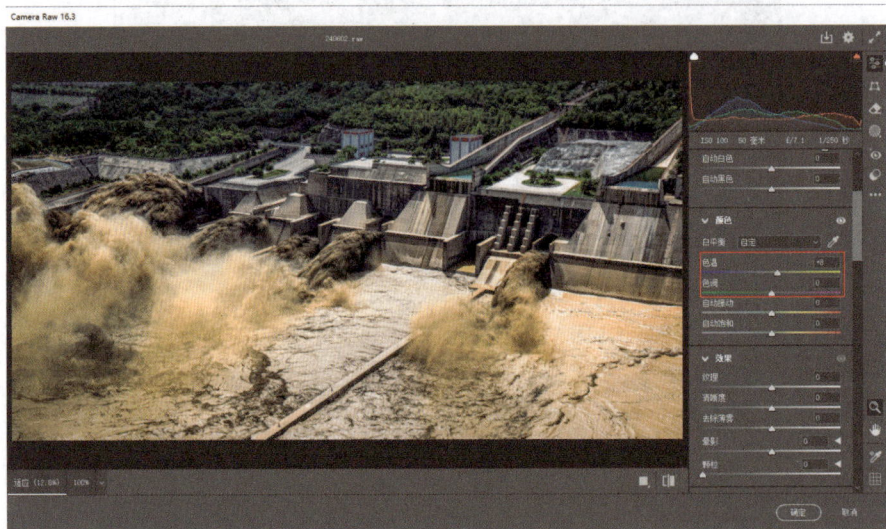

图 17-32　调整色温和色调

步骤 07 除了基本调整和细节处理外，还可以利用 Camera Raw 中的高级工具进行更深入的调整。在"曲线"面板中，通过调整曲线来控制图像的对比度和亮度，如图 17-33 所示，还可以分别调整 RGB 通道或单独的颜色通道。

图 17-33　调整曲线

步骤 08 完成所有调整后，需要将处理过的 RAW 文件保存为其他格式，以便于使用和分享。在 Camera Raw 界面中，单击左下角的"确定"选项。保存调整效果，并将其储存为合适的格式，调整完成后的最终效果如图 17-34 所示。

图 17-34　调整完成后的最终效果

# 第 *18* 章

## 视频的后期处理：手机+计算机精修技巧

**学习提示**

　　本章详细介绍剪映和 Premiere 两款视频编辑软件的使用方法。剪映部分从界面操作、特效应用到导出分享，步骤清晰，适合新手快速上手。Premiere 部分则聚焦于项目设置、序列构建和视频剪辑调色，更偏向专业操作。学习时，建议先掌握剪映的基础操作，再逐步深入 Premiere 的高级功能。结合实际案例操作，可加深理解和应用能力。

## 18.1 剪映的使用：视频编辑的新选择

剪映是一款功能强大且操作简便的视频剪辑软件，专为短视频创作和自媒体内容制作而设计。它具备简洁直观的界面、精准的剪辑功能、丰富的特效与滤镜、音频编辑、智能字幕生成以及适配多种视频格式等特点，能够满足从新手到专业用户的多样化需求。同时，剪映还提供丰富的模板和素材库，助力用户快速创作并分享高质量的视频作品。

### 18.1.1 剪映的界面和基本操作流程

下面讲解剪映电脑版软件的界面和基本操作流程。

**步骤 01** 下载剪映电脑版软件，打开后首页界面如图 18-1 所示。

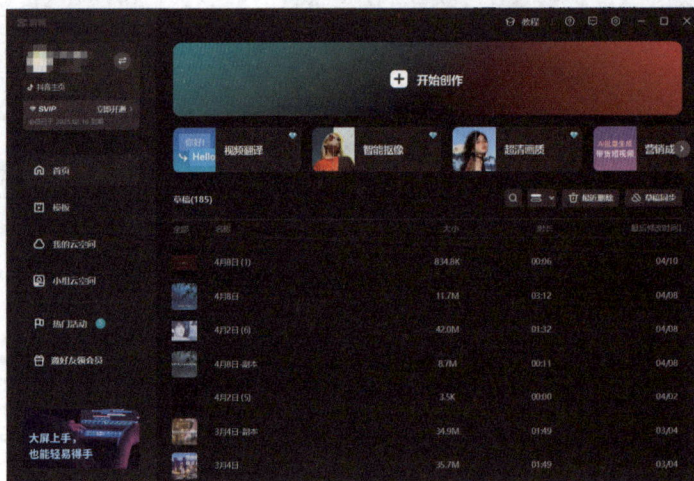

图 18-1 剪映首页界面

**步骤 02** 在首页界面上方单击"开始创作"按钮，进入剪辑界面，如图 18-2 所示。

图 18-2 剪辑界面

**步骤 03** 切换到"素材"板块，在导入面板中单击"导入"按钮，弹出文件夹窗口，如图 18-3 所示。在文件夹中选中需要剪辑的视频，并点单击"打开"按钮。

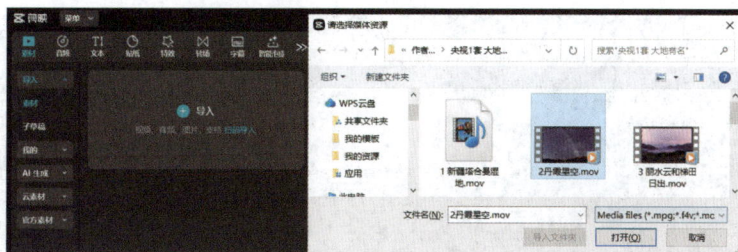

图 18-3　文件夹窗口

**步骤 04** 将导入的视频拖动到下方剪辑轨道，如图 18-4 所示，即可对素材进行剪辑操作。

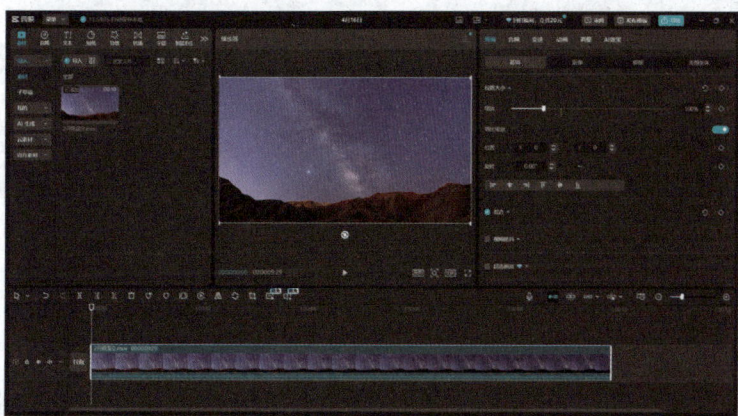

图 18-4　拖入剪辑轨道

**步骤 05** 切换到左上方的"音频"板块，进入音频素材库，如图 18-5 所示。选择合适的音乐，将合适的音频轨道添加进下方剪辑轨道中。

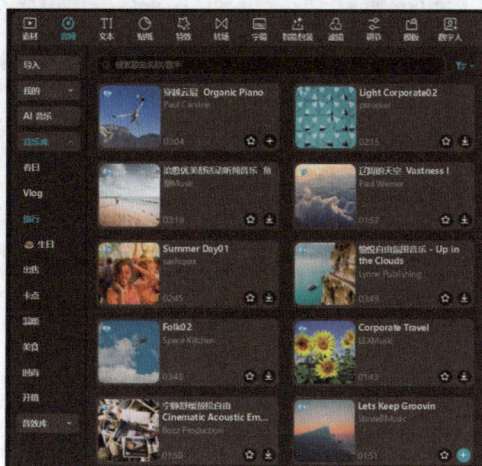

图 18-5　音频素材库

步骤 **06** 音频添加效果如图 18-6 所示。使用"分割"工具将音频轨道分割，使音频轨道时长与视频轨道时长一致，并删去多余音频轨道时长，如图 18-7 所示。

图 18-6　音频添加效果

图 18-7　分割时长

步骤 **07** 切换到"文本"板块，在"新建文本"面板中单击"默认文本"图标，自动弹出文本轨道，如图 18-8 所示。即可在画面中添加字幕。

图 18-8　文本轨道

步骤 **08** 选中文本轨道，在"文本"选项卡的"基础"面板中输入文案，并设置字体、字号、预设样式，更改字幕内容效果如图 18-9 所示。

图 18-9　更改字幕内容

**步骤 09** 拖动文本轨道尾部，即可调整字幕持续时间，如图 18-10 所示，将文本轨道时长调整与视频时长一致。

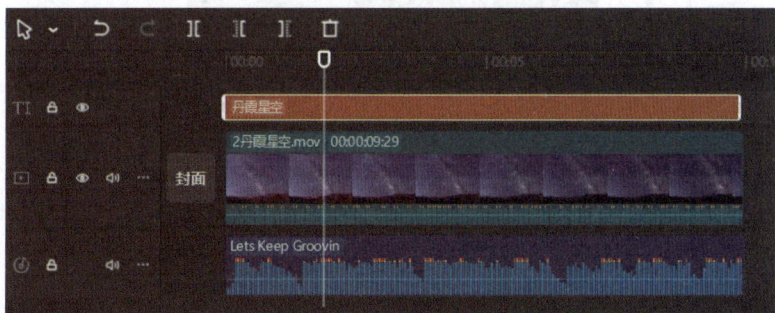

图 18-10　调整字幕持续时间

**步骤 10** 切换到"滤镜"板块，进入滤镜库，如图 18-11 所示。选择合适的滤镜，将滤镜添加进下方剪辑轨道中。

图 18-11　滤镜库

**步骤 11** 滤镜选好后，拖动滤镜轨道尾部，调整滤镜持续时间，如图 18-12 所示，将滤镜轨道时长调整与视频时长一致。

图 18-12　调整滤镜持续时间

**步骤 12** 单击视频轨道前的封面图标，弹出"封面选择"窗口，如图 18-13 所示。选择合适的视频画面后，单击"去编辑"按钮。

图 18-13　"封面选择"窗口

**步骤 13** 进入"封面设计"界面，可单击左栏中的模板进行使用，如图 18-14 所示。

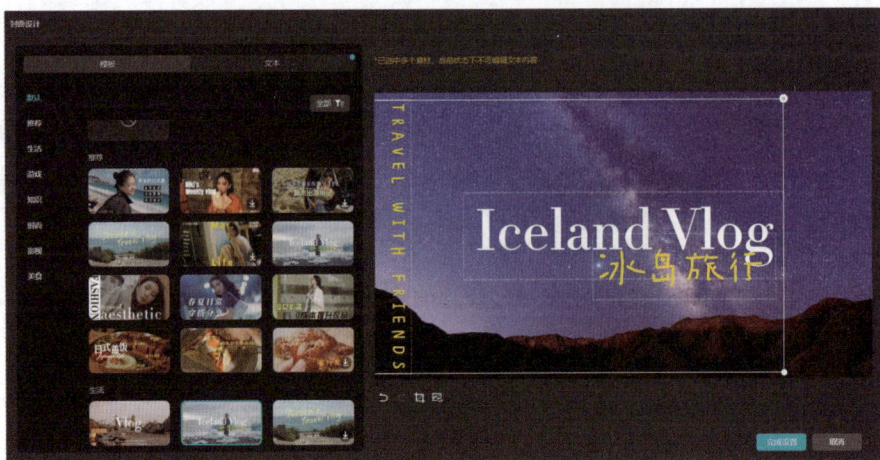

图 18-14　使用模板

**步骤 14** 单击模板中的文本框，进入编辑状态，输入提前备好的文案，如图18-15所示。调整完毕后，单击右下角的"完成设置"按钮，封面即制作完成。

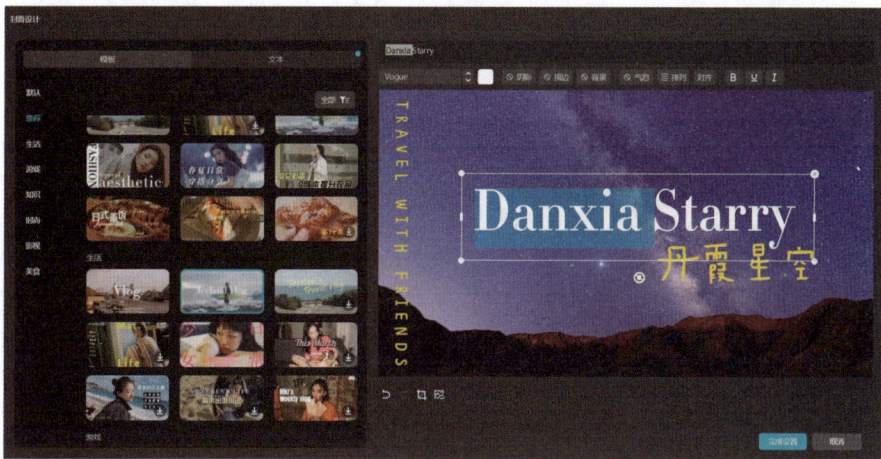

图18-15 输入文案

**步骤 15** 单击图18-8中右上角的"导出"按钮，弹出导出窗口，如图18-16所示。完成对视频的基本设置后，单击下方的"开通会员并导出"按钮进行导出视频，即可完成一条视频的基础剪辑流程。

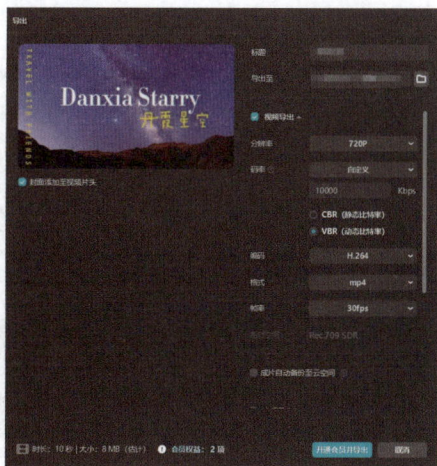

图18-16 导出窗口

## 18.1.2 特效和转场的应用

在视频剪辑中，特效和转场是提升视觉效果和叙事连贯性的关键元素。特效通过添加光效、动画、色彩调整等手段，增强画面的吸引力、营造氛围、弥补拍摄不足以及创造奇幻场景，从而吸引观众注意力并强化情感表达。转场则通过平滑过渡、控制节奏、引导观众注意力和营造情感对比，使镜头切换更加自然流畅，增强叙事的连贯性。

合理运用特效与转场，能够使视频更具吸引力和感染力，提升整体的视觉和叙事效果。

下面详细讲解如何利用剪映给视频添加特效与转场效果。

**步骤 01** 打开剪映电脑版软件，导入已备好的素材，并拖入下方剪辑轨道，如图 18-17 所示。

图 18-17 导入素材

**步骤 02** 切换到"特效"板块，进入特效库，如图 18-18 所示。选择合适的特效，并将特效轨道添加进下方剪辑轨道中。

图 18-18 特效库

**步骤 03** 添加特效轨道后的界面如图 18-19 所示。可在右侧调整特效参数，让画面与特效较为和谐。

图 18-19　添加特效轨道后的界面

**步骤 04** 添加特效时，也可直接将特效轨道拖入下方需要特效的素材轨道中，如图 18-20 所示。特效轨道拖入后的界面如图 18-21 所示。

图 18-20　特效轨道拖入素材轨道

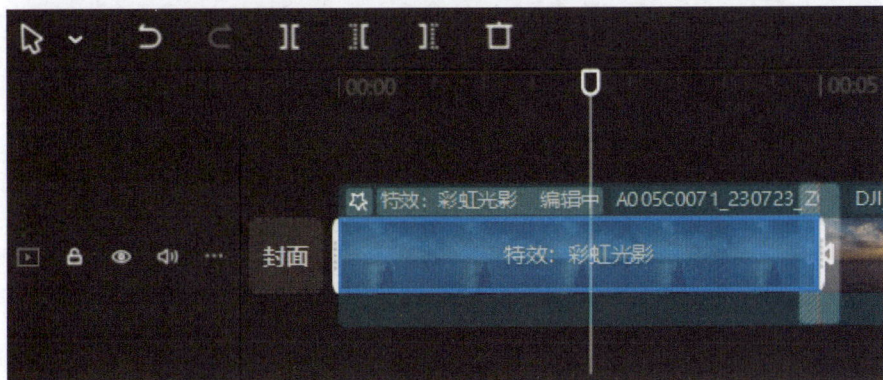

图 18-21　特效轨道拖入后的界面

**步骤 05** 特效调整完毕后，增加特效之前效果如图 18-22 所示，增加特效之后效果如图 18-23 所示。

图 18-22　增加特效之前

图 18-23　增加特效之后

步骤 06 将视频轨道上的指针移动至两个视频中间，切换到"转场"板块，在"转场效果"面板中选择合适的特效，如图 18-24 所示。单击"添加"图标，即可在两个视频素材中间添加转场。

图 18-24　"转场效果"面板

步骤 **07** 添加转场后的界面如图 18-25 所示，可在右侧转场面板中调整转场参数。

图 18-25　添加转场后的界面

步骤 **08** 转场参数调整完毕后，视频画面最终效果如图 18-26 所示。

图 18-26　视频画面最终效果

## 18.1.3　导出和分享视频的最佳设置

导出视频是剪映中不可或缺的步骤，它不仅完成了视频创作的最终环节，还确保了作品能够适应不同的使用场景和平台需求。通过合理设置导出参数，可以提升视频的质量和兼容性，为分享、发布和进一步使用提供便利。

在剪映中导出视频时，需要注意以下几个关键点，以确保导出的视频符合需求，同时保证画质和播放效果。

### 1. 导出前的检查

在导出前，务必预览视频，确保所有剪辑、特效、字幕和音频都符合预期。

检查视频的时长和剪辑顺序是否正确，避免出现多余的片段或剪辑错误。

以上都确认无误后，在剪映电脑版软件中，单击界面右上角"导出"按钮，即可弹出导出设置窗口，如图 18-27 所示，根据发布平台等因素自行设置视频导出格式等要求。

图 18-27　导出设置窗口

### 2. 分辨率和画质选择

根据视频的用途选择合适的分辨率。例如，社交媒体（如抖音、微信视频号）通常推荐 1080p（1920×1080）或 720p（1280×720），如图 18-28 所示。如果用于高清展示或大屏幕播放，建议选择 4K（3840×2160）。

图 18-28　分辨率设置

剪映通常提供"高清""原画"等选项。如果需要更高质量的视频，建议选择"原画"，但文件大小会更大。

### 3. 码率设置

码率决定了视频文件的大小和画质。较高的码率通常意味着更好的画质，但文件大小也会更大。剪映提供了自动码率设置，但对于专业用途，建议手动调整码率。

剪映电脑版软件中，在"导出设置"界面的"码率"面板中单击右侧"箭头"图标，即可弹出快捷菜单栏，如图18-29所示，根据需求选择。

图18-29 "码率"快捷菜单栏

**小贴士：**

对于1080p视频，建议码率为5～10Mbps；对于4K视频，建议码率为15～30Mbps。

### 4. 文件大小与存储

根据用途选择合适的文件大小。如果用于网络分享，建议选择较小的文件大小以节省存储空间和加载时间。

选择合适的存储位置，确保有足够的空间保存导出的视频文件。

在剪映电脑版软件"导出设置"界面的"编码"面板可控制文件大小与储存，单击右侧"箭头"图标，即可弹出快捷菜单栏，如图18-30所示，根据需求选择。

图18-30 "编码"快捷菜单栏

### 5. 视频格式

MP4 是最通用的格式，几乎适用于所有平台和设备。如果有特殊需求（如用于专业编辑或某些特定平台等），可以选择其他格式（如 MOV 等）。

确保导出的格式与目标平台或设备兼容。在"导出设置"界面的"格式"面板中单击右侧"箭头"图标，即可弹出快捷菜单栏，如图 18-31 所示，根据需求选择。

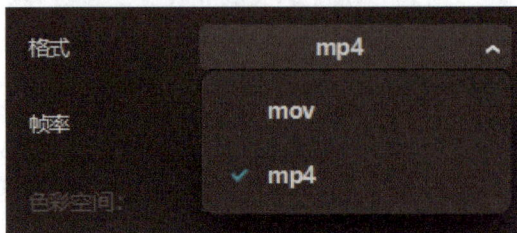

图 18-31　"格式"快捷菜单栏

### 6. 帧率

帧率越高，画面越流畅。较高帧率适合运动画面或高质量输出；而较低帧率则更节省存储空间，适用于普通剪辑。

在"导出设置"界面的"帧率"面板中单击右侧"箭头"图标，即可弹出快捷菜单栏，如图 18-32 所示，根据需求选择。

图 18-32　"帧率"快捷菜单栏

### 7. 音频导出

如需导出音频，可在"导出设置"界面中，勾选"音频导出"复选框，即可出现"音频导出"面板，单击右侧"箭头"图标，弹出快捷菜单栏，如图 18-33 所示，根据需求选择。

图 18-33　"音频导出"快捷菜单栏

### 8. 导出后的检查

导出后，使用不同的设备（如手机、计算机、平板）播放视频，确保画质和音质正常。如果导出的视频用于特定平台，上传后检查是否能正常播放，避免格式不兼容的问题。

**小贴士：**

目前主流自媒体平台对视频格式有特定要求，导出视频时可以根据平台标准优化视频，确保发布后画质清晰、播放流畅。以下是两个主流平台的视频格式要求及优化建议：

1. 抖音

（1）视频比例：竖屏（9:16）和横屏（16:9）均支持。

（2）分辨率：推荐 1080p 及以上，竖屏视频常见分辨率包括 540×960、720×1280、1080×1920 像素。

（3）视频格式：支持 MP4 封装格式，编码格式推荐 H.264/AVC 或 H.265/HEVC。

（4）码率：竖屏视频码率不低于 516kbps，横屏视频码率更高。

（5）文件大小：竖屏视频不超过 100MB。

2. B 站

（1）视频比例：横屏（16:9）为主，竖屏（9:16）也可支持。

（2）分辨率：推荐 1080p 及以上，支持更高分辨率（如 4K）。

（3）视频格式：支持 MP4、FLV、MKV 等格式。

（4）编码格式：推荐 H.264/AVC。

## 18.2 手机剪映处理：一键修出精彩片段的秘籍

手机剪映 App 不仅适用于复杂的视频剪辑操作，还为手机用户提供了便捷的一键成片功能。通过智能识别视频高光内容，自动完成剪辑、配乐和节奏调整，让用户在无须烦琐操作的情况下，也能快速输出精彩片段。即使是剪辑小白，也能轻松制作出风格统一、节奏明快的高质量视频作品。

### 18.2.1 视频剪辑的基础操作

在编辑视频素材之前，需先将素材导入手机剪映 App，并放置到轨道中。以下是导入视频素材的操作步骤。

步骤 01 打开剪映 App，进入首页界面，如图 18-34 所示。点击"开始创作"按钮，在相册中选择需要剪辑的视频片段，如图 18-35 所示，点击"添加"按钮。

图 18-34 首页界面        图 18-35 添加素材

步骤 02 进入编辑页面，如图 18-36 所示。选择"剪辑"工具，进入"剪辑"面板。将时间线指针滑动到需要分割的位置，点击"分割"按钮，如图 18-37 所示。

图 18-36　编辑界面　　　　　图 18-37　点击"分割"按钮

**步骤 03** 分割效果如图 18-38 所示。按照步骤 02 的操作分割剩余视频，最终分割效果如图 18-39 所示。

图 18-38　分割效果　　　　　图 18-39　最终分割效果

**步骤 04** 删去多余的视频画面，如图 18-40 所示。点击片段之间的"竖线"图标，弹出转场界面，如图 18-41 所示。

图 18-40　删除多余的视频画面　　　　图 18-41　转场界面

**步骤 05** 选择合适的转场，如图 18-42 所示，可通过底部的圆头按钮设置转场效果的时间，完成操作后点击"对勾"图标。自动跳转回编辑界面，点击右上角"导出"按钮，如图 18-43 所示，即可导出视频。

图 18-42　选择合适的转场　　　　图 18-43　点击"导出"按钮

## 18.2.2　视频速度调整

在剪映 App 中调整视频速度和实现倒放操作，具体操作步骤如下。

**步骤 01** 打开剪映 App，点击"开始创作"按钮，选择视频素材后进入编辑界面，如图 18-44 所示。选中视频轨道，进入视频剪辑界面，如图 18-45 所示，点击底部的"变速"按钮。

图 18-44　编辑界面　　　　图 18-45　视频剪辑界面

**步骤 02** 进入变速界面，如图 18-46 所示。点击"常规变速"按钮可进行匀速调整，拖动"圆头"按钮即可加快或减慢播放速度，如图 18-47 所示。

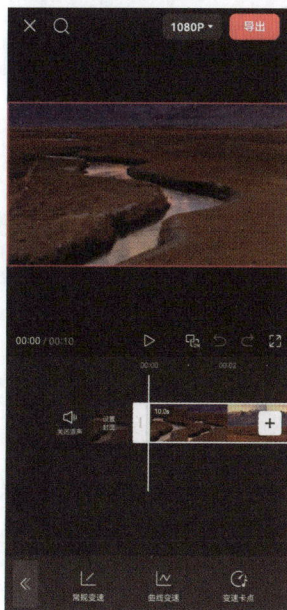

图 18-46　变速界面　　　　图 18-47　拖动"圆头"按钮

**步骤 03** 点击"曲线变速"按钮，进入曲线变速界面，如图 18-48 所示，选择"蒙太奇"效果，如图 18-49 所示。

图 18-48　曲线变速界面　　　　图 18-49　选择"蒙太奇"效果

**步骤 04** 点击"点击编辑"按钮，进入蒙太奇设置界面，如图 18-50 所示，调整完成后可预览效果。点击"变速卡点"按钮，界面如图 18-51 所示，选择合适的效果即可。

图 18-50　蒙太奇设置界面　　　　图 18-51　变速卡点界面

## 18.2.3　音效添加和背景音乐配置

在剪映 App 中添加音效与配置背景音乐，操作步骤如下。

**步骤 01** 打开剪映 App，点击"开始创作"按钮，选择需要编辑的视频素材并导入，如图 18-52 所示。选择"音频"工具，进入音频工具栏，如图 18-53 所示，点击"音乐"按钮。

图 18-52　导入素材　　　　　图 18-53　音频工具栏

步骤 02　进入音乐界面，如图 18-54 所示。选择合适的音乐，点击"使用"按钮，视频轨道下方自动出现音频轨道，如图 18-55 所示。使用分割工具将音频轨道多余部分删除。

图 18-54　音乐界面　　　　　图 18-55　音频轨道

步骤 03　选择"音效"工具，进入音效界面，如图 18-56 所示，切换到"AI 音效"板块，界面如图 18-57 所示，点击"生成音效"按钮。

图 18-56　音效界面　　　　图 18-57　"AI 音效"界面

步骤 04　生成 AI 音效如图 18-58 所示，选择合适的音效，点击"使用"按钮即可自动生成音频轨道。选择"AI 音乐"工具，弹出窗口后，勾选"根据视频自动写歌"复选框，点击"开始生成"按钮，如图 18-59 所示。

图 18-58　生成 AI 音效　　　图 18-59　点击"开始生成"按钮

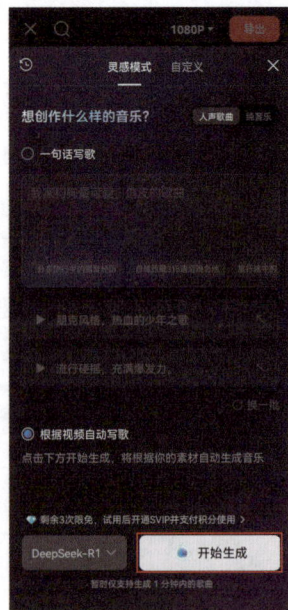

步骤 05　生成配乐结果如图 18-60 所示，选择适合的配乐，点击"使用"按钮，最终效果如图 18-61 所示。

图 18-60　生成配乐结果　　　　　图 18-61　最终效果

## 18.3　Premiere 处理：成为后期大师的必经之路

Adobe Premiere Pro 是一款功能强大的视频编辑软件，凭借其简洁的操作界面、高效的编辑流程以及丰富的特效功能，深受用户喜爱。本节将重点介绍如何使用 Adobe Premiere Pro 进行项目设置和素材导入技巧以及新建序列、视频剪辑和视频调色的具体操作方法。

### 18.3.1　项目设置

在编辑视频素材之前，需先在 Adobe Premiere Pro 软件中新建项目。以下是新建项目的操作步骤。

步骤 01 启动 Adobe Premiere Pro，首页界面如图 18-62 所示，单击"新建项目"按钮。

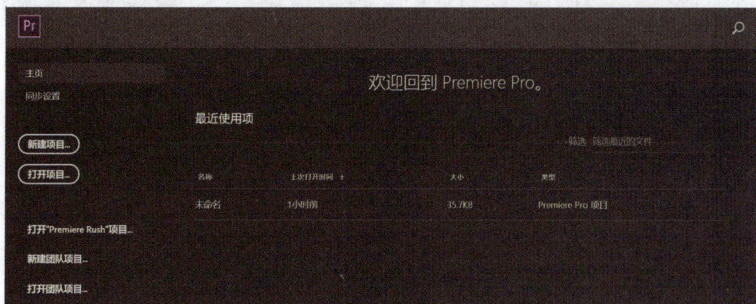

图 18-62　Adobe Premiere Pro 首页界面

**步骤 02** 弹出的"新建项目"窗口如图 18-63 所示，输入名称后，单击右下方"确定"按钮。

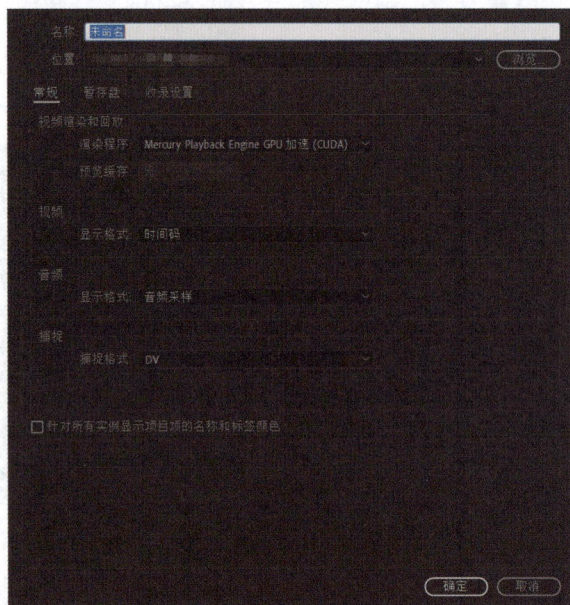

图 18-63　"新建项目"窗口

**步骤 03** 进入项目界面，如图 18-64 所示。

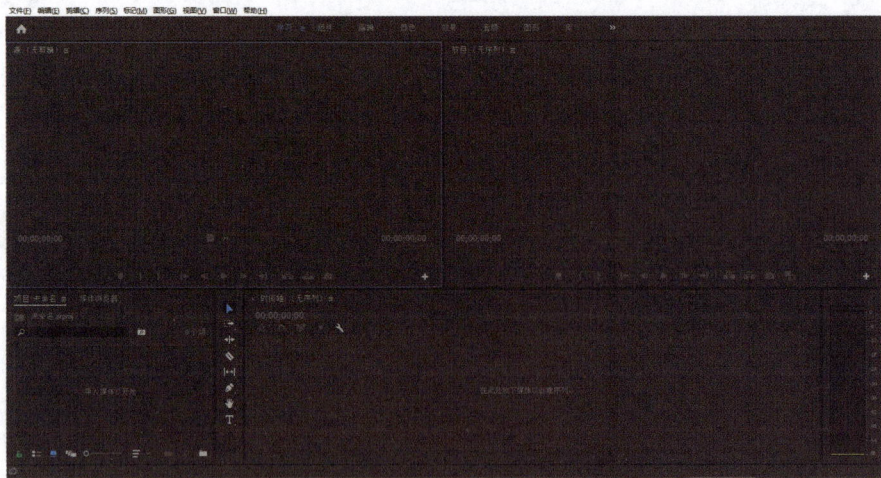

图 18-64　项目界面

## 18.3.2　新建序列、视频剪辑和视频调色

在 Adobe Premiere Pro 中，新建序列、视频剪辑和视频调色是高效视频制作的关键环节。合理设置序列参数是基础，精准的视频剪辑确保内容流畅，而恰当的视频调色则提升画面质感。三者相辅相成，为高质量视频创作奠定坚实基础。

## 1. 新建序列

在 Adobe Premiere Pro 中构建序列是剪辑流程的起点，以下是基本操作步骤。

**步骤 01** 打开 Adobe Premiere Pro，执行"文件"→"新建"→"序列"命令，或使用快捷键 Ctrl+N（Mac 为 Cmd+N）。弹出"新建序列"窗口，如图 18-65 所示，选择合适的预设（如 48kHz），命名序列名称（如"主序列"或"初剪 01"），单击"确定"按钮，即可完成创建。

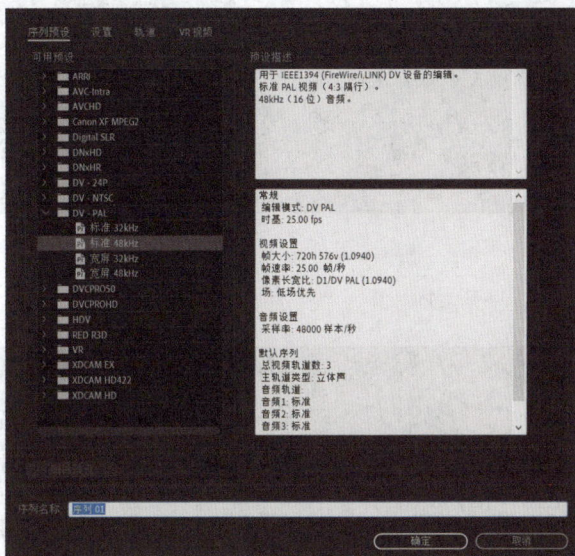

图 18-65 "新建序列"窗口

**步骤 02** 新建的空白序列文件将显示在项目面板中，如图 18-66 所示。

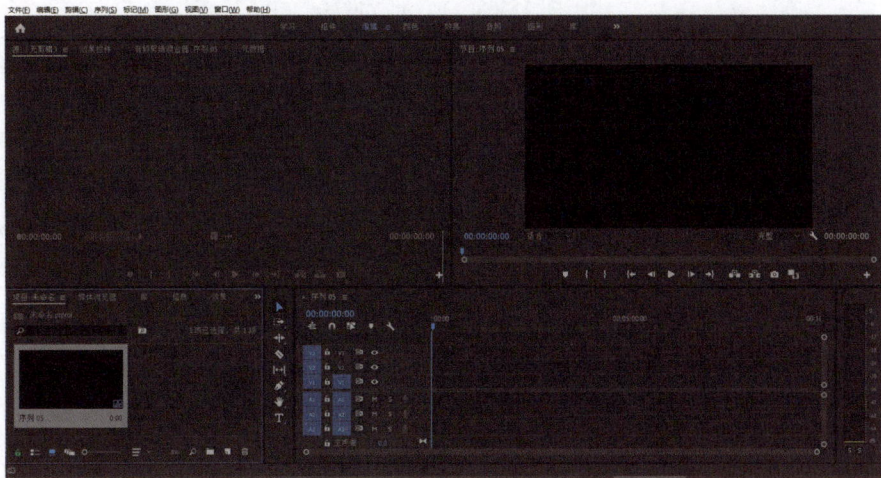

图 18-66 新建的空白序列文件

**步骤 03** 将媒体素材拖入项目面板，如图 18-67 所示，视频文件将以缩略图形式显示在项目面板中。

图 18-67 拖入项目面板

**步骤 04** 再将媒体素材拖到时间线，时间线上自动出现媒体轨道，如图 18-68 所示。

图 18-68 拖到时间线

**步骤 05** 将素材放入时间线上后，若素材与建立的序列模板不匹配，将弹出窗口，提示调整序列设置，如图 18-69 所示。

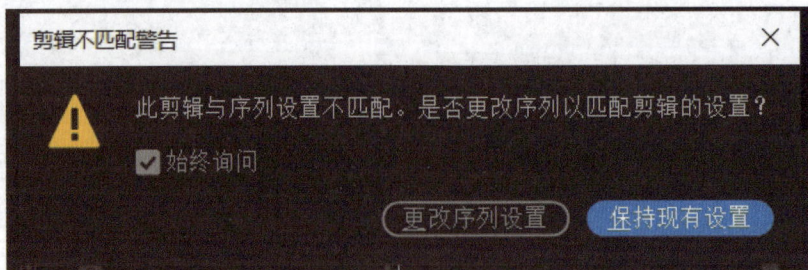

图 18-69 提示

**步骤 06** 单击"保持现有设置"按钮，即可使用序列的格式和媒体素材画面，最终效果如图 18-70 所示。

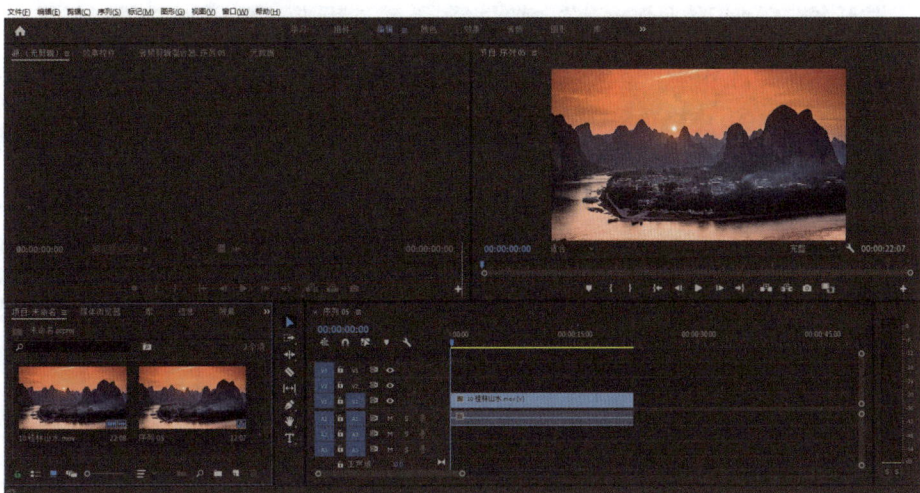

图 18-70 最终效果

### 2. 视频剪辑

在 Adobe Premiere Pro 中，剃刀工具用于对选中的视频素材进行精准剪切，将其分割为多个独立片段。随后，可删除不需要的片段，剩余片段将自动合并为连续的画面。以下是进行视频剪辑的具体操作步骤。

步骤 01 在工具面板中选择"剃刀"工具，将鼠标移至视频素材的剪辑点，单击即可将素材分割为两段，如图 18-71 所示，将不需要的素材删去。

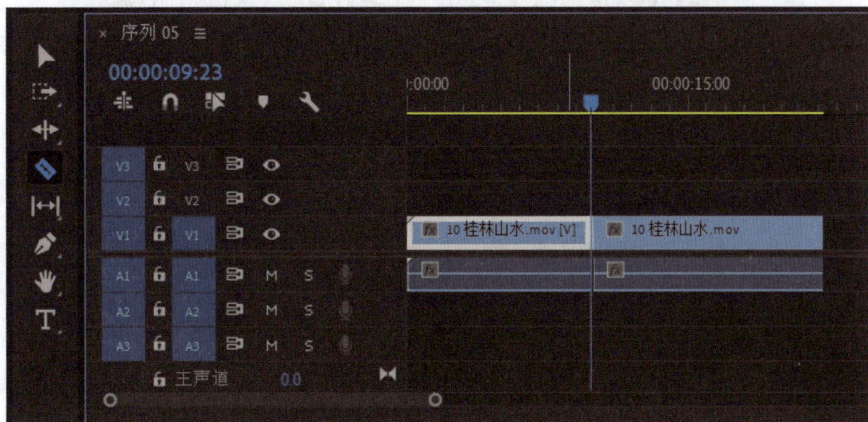

图 18-71 素材分割

步骤 02 选中音频素材，将时间线滑动到合适的位置，双击音频素材前方空白位置，出现关键帧工具，如图 18-72 所示，单击◎图标，对轨道进行添加关键帧。

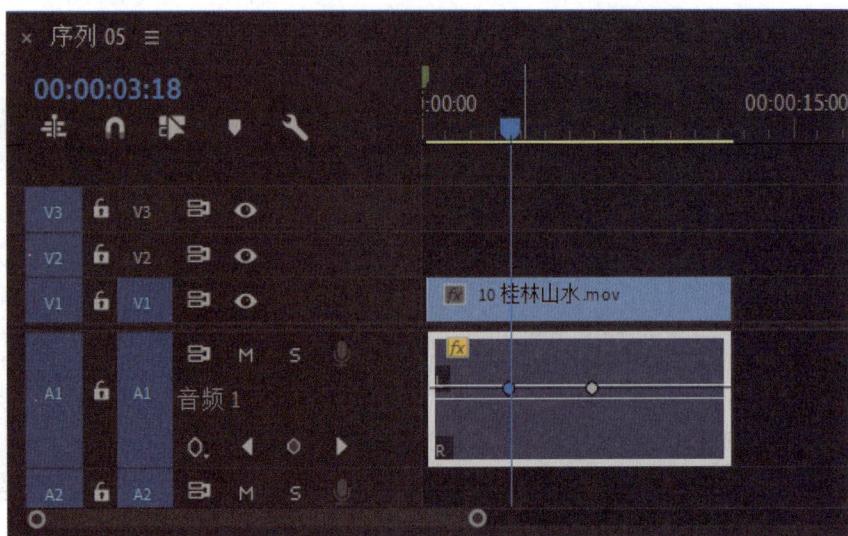

图 18-72　关键帧工具

**步骤 [03]** 选中音频轨道上的关键帧，按住鼠标左键往下拖动，即可设置淡入的音频效果，如图 18-73 所示。

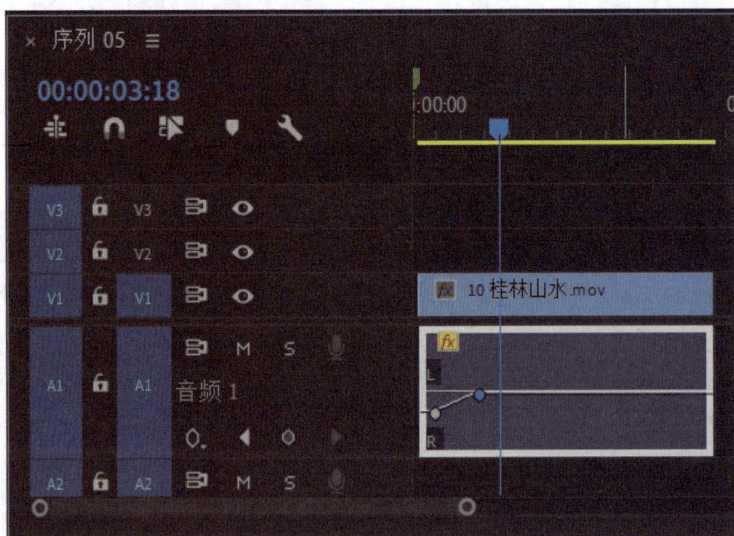

图 18-73　音频效果

### 3. 视频调色

在完成视频的基本剪辑后，调色是提升画面质感和氛围的重要环节。通过 Adobe Premiere Pro 强大的调色工具，可以对画面进行色彩校正与风格化处理，使视频更具视觉冲击力与专业感。以下是进行视频调色的具体操作步骤。

**步骤 [01]** 选中媒体素材，打开 Lumetri 颜色面板，如图 18-74 所示。可通过强度、锐化等设置，对媒体素材的颜色进行调整。

图 18-74　Lumetri 颜色面板

**步骤 02** 调整完毕后，执行"文件"→"导出"→"媒体"命令，弹出导出设置窗口，如图 18-75 所示。勾选"与序列设置匹配"复选框，输入输出名称后，点击"导出"按钮，即可成功导出媒体文件。

图 18-75　导出设置窗口